Des « cités » pas comme les autres

Jean-Baptiste Nardi

Des « cités » pas comme les autres

La voix des enfants des Forces Françaises en Allemagne

Essai-témoignage

L'Harmattan

5-7, rue de l'Ecole-Polytechnique, 75005 Paris

http://www.harmattan.fr
diffusion.harmattan@wanadoo.fr

ISBN : 978-2-343-04425-5
EAN : 9782343044255

PRÉAMBULE SUR FOND D'ALLEMAGNE

Ce livre est dû au plus grand des hasards. Il y a environ sept ans, navigant sur la toile à la recherche de nouvelles références à mes travaux académiques, j'ai découvert que j'avais un homonyme en France. Il était inscrit dans un site de retrouvailles de copains d'enfance. J'ignorais alors que ce genre de sites existait et, par curiosité, j'ai cherché à en savoir plus. C'est ainsi que j'en ai trouvé plusieurs dont un destiné aux enfants des Forces Françaises en Allemagne[1] et un autre pour les anciens élèves du Lycée Turenne de Fribourg[2].

Comme tous les internautes ex-FFA qui sont entrés dans ces deux sites, les souvenirs sont remontés en surface : l'Allemagne des années 50 et 60, celle de mon enfance et de ma jeunesse. Du Brésil où j'habite, tout cela me paraissait bien loin. Puis, rattrapé par mes instincts d'historien et de chercheur, des réflexions ont surgi peu à peu et je me suis rendu compte que ces enfants des FFA avaient quelque chose de particulier. Je me suis mis à écrire, suffisamment pour penser à publier un article. Le sujet était nouveau.

Par la suite, dans la maison familiale en France, je faisais le tri des affaires laissées par mon père décédé et je suis tombé sur ses carnets de notes. Il avait enseigné, respectivement un an et sept ans, aux lycées Ausone de Trèves et Charles de Gaulle de Baden-Baden, entre

---

[1] www.annees-ffa. Le site visité fin 2007 a été réorganisé. Dans la première version il contenait un grand nombre d'informations préliminaires, accessibles aux personnes non inscrites. C'est bien dommage qu'elles aient été supprimées, car cela rebutte sans doute un grand nombre de gens qui, autrement, s'inscriraient.

[2] www.lycee-turenne.fr (Consulté en 2007).

1966 et 1974. Soudain, j'avais devant moi des centaines de noms et une flopée de souvenirs et d'émotions m'a envahi. J'ai aussitôt compris l'importance de ces documents pour tous ceux qui recherchent leurs amis d'enfance. Je ne pouvais les garder pour moi, d'où l'idée d'en joindre le contenu au texte de l'article pour en faire un petit livre.

La publication de l'ouvrage m'a paru un peu aléatoire du fait de cette très longue liste de noms. Elle ne concernait finalement que les élèves cités ou ceux qui les ont connus à l'époque et sa mise en page posait quelques difficultés. Pris par mes activités, j'ai dû laisser le manuscrit traîner dans mes tiroirs, sans pour autant l'oublier, car je l'ai repris de temps en temps. J'ai senti qu'il fallait pousser la réflexion plus loin, dépasser le cadre du simple témoignage sur les FFA ancré dans mes souvenirs : il fallait prendre la dimension du phénomène, autrement dit, ce qu'il avait pu représenter pour tous ceux qui avaient appartenu aux FFA et mesurer sa place dans l'Histoire.

J'ai cherché des informations sur les bases américaines, canadiennes ou britanniques : elles sont aussi rares que pour les troupes françaises, du moins sur Internet. Je me suis alors demandé s'il y avait eu dans l'histoire récente des situations identiques, si d'autres populations avaient connu semblable phénomène. J'ai été plus chanceux dans cette voie. Cela m'a tout naturellement amené à réfléchir sur l'identité, la culture FFA et, de manière plus élargie, sur les rapports entre le sol et le sentiment d'appartenance, la langue, les déplacements en masse de populations, la mémoire. Si j'ai décelé de nombreux points communs dans les diverses situations, j'ai dû me rendre à l'évidence : le phénomène FFA est unique dans l'Histoire.

Entre-temps, fouillant encore dans les archives familiales, de nouveaux documents relatifs aux FFA, militaires et civils, se sont présentés à moi, ce qui m'a permis d'approfondir ma réflexion, de corriger des erreurs dues aux souvenirs et d'apporter des illustrations sur l'époque, certaines probablement inédites. De plus, l'Internet et ses techniques d'accès et de divulgation se sont développés et c'est ainsi que sont apparus sites, blogs et films de particuliers dont certains créés par d'anciens FFA. La mémoire collective est apparue comme fondamentale, comme le besoin de combler les lacunes de leur histoire. On s'en rendra vite compte : ce que j'en dis est une goutte d'eau dans un océan méconnu.

Notons tout de même que, en 2013, le site « années-ffa » a grandi et qu'il existe aussi le site du Lycée de Baden[3]. Ce dernier a été créé par l'Association des Anciens du Lycée Charles de Gaulle des Années 60 et organise des rencontres dans diverses villes de France.

Thierry Arnaud en est peut-être un des fondateurs. Dans le milieu des années 1990, il cherchait à réunir les anciens du Lycée de Baden de mon époque (fin années 60). Il m'avait contacté et préparait pour mai 1997 une fête à la Tour d'Auvergne à l'occasion des 25 ans de la promotion 72[4]. Je n'étais pas intéressé par ces retrouvailles et j'ai su par la suite que d'autres amis, eux aussi contactés par Thierry, ne l'avaient pas été non plus. Certains comme moi, sans avoir tourné la page – on ne la tourne jamais et ce livre en est la preuve – ont aujourd'hui d'autres centres d'intérêt et n'ont pas envie de ce retour dans le passé. S'ils le font, c'est à titre personnel. À quelques exceptions près, ma proche famille et les quelques amis que j'ai conservés en France sont tous des anciens de Baden et nous en parlons parfois. Ceux qui ont lu le premier manuscrit ont, d'ailleurs, apporté des détails que j'avais oubliés et ils ont livré leurs impressions, donnant ainsi à mes observations un caractère plus collectif. Quelques-uns retournent en Allemagne pour des vacances et passent par les « cités », plus par curiosité, pour en voir les vestiges, que pour se souvenir. La nostalgie que l'on peut avoir de l'Allemagne où l'on a vécu n'est pas toujours celle du milieu FFA, bien que l'un n'aille pas sans l'autre.

Je n'ai pas voulu m'inscrire dans ces sites, ce qui a sans doute réduit le nombre d'informations que j'utilise dans ce texte. Non que je n'aie pas eu envie de retrouver sur le *web* d'anciens camarades de lycée, mais il y avait une question technique que l'on comprendra aisément. Les échanges que j'aurais pu avoir, très vite, auraient

---

[3] www.lyceebaden.net (consulté en 2013). Les Français emploient fréquemment Baden pour Baden-Baden, et pas seulement les FFA ; je ferai de même dans le texte.

[4] Lettre de Thierry Arnaud du 27 juin 1994. La Tour d'Auvergne est le Mess-hôtel des officiers de Baden-Baden (voir Partie 1, chapitre 1).

tourné autour de questions que j'aborde dans la deuxième partie. Conscient de l'immense vide que j'avais devant moi, j'ai craint de me voir assailli de messages, de correspondances et d'informations que je n'aurais pas été en mesure de traiter : c'est le travail d'une équipe de chercheurs. Mon livre n'a pas la prétention de tout dire. Je le considère comme un préliminaire qui dresse un portrait des FFA et indique des pistes de réflexion et de recherches pour ceux qui auront le temps et la volonté de s'y consacrer.

Par l'originalité du sujet et la diversité des thèmes qu'il suscite, ce livre devrait intéresser bien d'autres lecteurs que les anciens FFA, militaires et civils. Il est sans doute une précieuse contribution à la connaissance de l'histoire de « ceux qui sont d'ailleurs ».

Jean-Baptiste Nardi
Décembre 2014

NOTES :

1. ÉLÈVES

Les listes des élèves du Lycée Charles de Gaulle de Baden-Baden (1.200 noms, 1967-1974) et du Lycée Ausone de Trèves (200 noms, 1966-1967) peuvent être obtenues en m'adressant une demande à l'adresse électronique suivante : jeanbnardi.ffa@gmail.com.

2. ILLUSTRATIONS

Les photos et les images utilisées pour les illustrations sont toutes issues des archives familiales Nardi ; je ne le précise que pour certains documents. Les photos prises à Baden-Baden en 2013 sont de Michel Siat. Quelques images ont été trouvées sur Internet et sont dûment référencées.

3. RÉFÉRENCES ÉLECTRONIQUES :

J'ai supprimé l'abréviation « http : // » qui précède l'adresse des sites Internet pour ne pas surcharger la lecture. J'indique seulement l'année de consultation, car j'ai accédé aux sites plusieurs fois et certains d'entre eux, ou certaines pages, ont pu disparaître ou changer d'intitulé. Pour une question de mise en page, j'ai coupé en fin de ligne quelques références hyperlinks qui étaient trop longues, sans ajouter de tiret ; elles doivent être lues sans en tenir compte.

INTRODUCTION

Que connaît-on au juste de l'histoire des Forces Françaises en Allemagne (FFA), ce système d'occupation – ou de défense occidentale selon l'époque considérée et comment on l'interprète – qui a fait suite à la Seconde Guerre mondiale ? Sans doute pas grand-chose, autant du côté allemand que du côté français. La plupart du temps, les références se placent dans le cadre militaire ou diplomatique des relations franco-allemandes. Dans des récentes histoires de l'Allemagne parues en France[5], elles ne sont même pas mentionnées. On parle surtout de la reconstruction du pays après 1945, du partage de son territoire entre les Alliés et l'Union soviétique, de la part prise par les Occidentaux dans la formation de la République fédérale. Jamais on ne prend en compte la durée de la « présence alliée » sur le sol allemand, comme si celle-ci était « naturelle » : elle en est, en quelque sorte, banalisée. Pourtant, les Forces Françaises sont quand même restées un demi-siècle en Allemagne ! Cela n'est pas rien et cela mérite peut-être que l'on s'y intéresse un peu.

On ne sait absolument rien de l'histoire de ceux qui en ont été acteurs ou témoins, ces hommes et ces femmes qui, de près ou de loin, à un moment donné de leur vie, court ou long, ont fait partie des FFA ou ont été en contact avec elles. On ignore pratiquement tout de la façon dont la population allemande a pu ressentir, percevoir la présence des troupes françaises, y compris celle des civils qui les

---

[5] BOGDAN, Henry, *Histoire de l'Allemagne de la Germanie à nos jours*, Coll. Tempus, Paris, Perrin, 2003. WAHL, Alfred, *L'Allemagne de 1945 à nos jours*, Paris, Armand Colin, 2009.

accompagnaient. De même, sait-on comment les Français, une fois en Allemagne, concevaient, justifiaient et vivaient leur « stationnement » ?Durant des décennies, Allemands et Français se sont côtoyés et, même si l'on n'en disait mot ou si l'on changeait pudiquement de vocabulaire pour les désigner, les FFA n'ont-elles pas toujours été, dans le fond et dans les esprits, des forces d'occupation qui rappelaient la guerre de 39-45 et semblaient ne jamais vouloir mettre fin à ce triste souvenir ? Dans ces conditions, quelles ont été les relations, dans la vie quotidienne, entre les deux populations, comment ont-elles évolué ? Enfin, des générations de Français sont passées par les FFA, des enfants sont nés et ont grandi dans des quartiers français qu'on appelait « cités », bâtis dans des villes allemandes, formant un milieu bien à part dont on n'a jusqu'à présent jamais parlé du point de vue des hommes.

C'est ce que Suzie Guth a en partie essayé de faire dans un livre très instructif et qui semble être l'unique référence en la matière[6]. Cependant, la sociologue n'a pu retranscrire que partiellement la vie dans les « cités » françaises des FFA. Elle a manqué, à ses grands regrets, de témoignages, surtout chez les civils, et n'a consulté que des personnes présentes à la fin des années 80. Elle n'a donc pas pu, non plus, prendre pleinement conscience de la portée sociohistorique du phénomène, entre les débuts de l'occupation dans le climat post-guerre et la fin dans l'ambiance de l'Union européenne, suivie du retrait définitif des troupes après la chute du mur de Berlin. Elle n'a pu comparer les différentes périodes de la vie des FFA, celle vécue en Allemagne et celle d'après. Quels impacts la présence outre-Rhin, la durée du séjour, les conditions très spéciales de vie et de rapports humains chez les Français ont-ils eu sur les individus ? Quelles ont été les conséquences du départ pour ceux qui y ont passé plusieurs années, ceux qui y ont grandi ? Quelles ont été les pensées et les impressions des Allemands qui ont subi la présence française

[6] GUTH, Suzie, *Les Forces Françaises en Allemagne. La citadelle utopique*, Paris, L'Harmattan, 1991. On trouve aussi *La présence militaire française en Allemagne (1945-1993)*, thèse de doctorat de Géographie (1992) d'Hélène Engels-Perrein, Presses Universitaires de Metz, 1997. Le texte remanié a été publié dans le N° spécial de : "Mosella" Tome 22, parution 1997. Je n'ai pu consulter ce travail.

pendant cinquante ans et quels ont été leurs sentiments lors du retrait des troupes et des civils ?

Je n'ai pas l'intention, ni les moyens, de combler ces lacunes dans ce texte. Mon propos est de réfléchir sur ce qu'a pu être la vie des FFA et sur le problème identitaire qu'elle a entraîné, en me penchant plus particulièrement sur la question des enfants. Globalement, deux générations se sont succédées. La première a vécu, approximativement, entre 1946 et 1975 et la seconde dans la période 1976-1996. Le rabaissement de la majorité de 21 à 18 ans, en 1974, est l'une des marques de distinction entre les deux groupes. C'est, je crois, à partir de ces générations que l'on peut cerner la culture et l'identité originales qui se sont construites chez les FFA. Plus que les adultes, les enfants – dont beaucoup sont nés en Allemagne – ont été marqués par leur vie chez les FFA. Aujourd'hui, ils commencent à faire entendre leur voix et ce n'est pas anodin[7].

Tout le monde a des souvenirs à raconter et on comprendra l'importance qu'ils prennent aujourd'hui dans l'histoire des FFA. Cependant, les évoquer n'est pas une chose aisée, car on ne peut témoigner d'un vécu sans, automatiquement, révéler un peu de soi. S'agit-il pour autant de se dévoiler publiquement en se livrant à des confidences qui n'ont pas d'intérêt pour le lecteur ? Comment faire le choix ? Communiquer des informations relève toujours de la perception qu'on en a en tant qu'observateur ou acteur privilégié. Est-ce au témoin de juger de l'intérêt de ses souvenirs et de ses informations ou à l'historien d'en faire le tri ? L'objectivité est une somme de subjectivités.

Au-delà des impressions, des anecdotes, des détails sur la vie quotidienne ou autres, les souvenirs servent à écrire, à partir de l'oralité, une histoire qu'on avait oubliée ou dont on n'avait peut-être même pas soupçonné l'existence. L'histoire des FFA, c'est avant tout une aventure humaine, française et allemande, et il est temps que ceux qui y ont participé ou en ont été les témoins viennent dire, en

---

[7] J'emploie en principe « enfants » dans le sens de « fils de militaires ou de civils », cela recouvre toutes les tranches d'âge. « Jeune » est un terme général, mais il désignera le plus souvent ceux que l'on appelle aujourd'hui les adolescents.

tant qu'homme ou femme, ce qu'elle a réellement été. C'est une histoire autre que celle présentée par les dossiers qui se sont empilés dans les états-majors et les ministères et qui, finalement, n'en sortent pratiquement jamais, presque scellés comme un secret d'État, et qui contribuent peu à la connaissance générale.

En ce sens, la « voix des enfants des FFA » dépasse le simple cadre franco-allemand et, dans les circonstances actuelles, on ne pourra s'empêcher de faire un parallèle avec d'autres populations qui vivent ou ont vécu, dans d'autres contextes et toutes proportions gardées, des situations équivalentes. Il n'est plus question d'évoquer seulement des souvenirs, de raconter des anecdotes, il s'agit de construire l'Histoire ou, plutôt, de la reconstruire : seule la mémoire peut peut-être encore porter à la lumière ce qui a été tu ou ignoré et éviter que le temps n'efface les faits. La présence des Forces Françaises en Allemagne signifie certainement beaucoup plus que ce que l'on pourra en dire ici.

Il conviendra aux spécialistes d'en découvrir toute la portée historique, mais aussi sociale, car nous verrons que les FFA posent aussi des questions identitaires qui dépassent largement leur cadre : elles concernent de nombreuses communautés minoritaires, éparpillées dans le monde, touchées par le phénomène de la migration et par le sentiment de l'exil.

Avant de commencer, il est nécessaire de préciser quelques points de langage. Le sigle FFA a aujourd'hui diverses significations telles que le Forum Franco-Allemand ou la Fédération Française d'Athlétisme. Seuls le pluriel et le contexte permettent de distinguer les FFA dont il est question ici des autres organisations.

Le sigle FFA désigne les Forces Françaises en Allemagne, mais on peut remarquer l'emploi très fréquent du sigle comme nom commun et surtout comme adjectif, tous deux invariables. Les FFA, selon le contexte, peuvent désigner l'ensemble des forces françaises ou un groupe de personnes qui en font partie. On dit « un FFA » pour désigner un membre des Forces Françaises. On parle facilement du « milieu FFA », des « cités FFA ». Cette pratique montre en soi qu'il existe, autour de l'abréviation, des connotations culturelles liées aux spécificités de la situation des Français vivant en Allemagne en tant que FFA. Pour l'anecdote, les Alsaciens appelaient les FFA, les

« Forces Foutues d'Avance ». Dans ce travail, je me réfère le plus souvent à la population française vivant en Allemagne dans le cadre politico-militaire, je parle des membres des FFA et donc FFA est au masculin ; quand il s'agit des Forces Françaises, j'emploie le féminin. Cela semble *a priori* un peu ardu à comprendre, mais le lecteur s'y habituera et fera rapidement la différence.

LA CONSTRUCTION IDENTITAIRE DANS L'HISTOIRE

L'identité d'une personne est une construction qui se fait principalement durant l'enfance et l'adolescence[8]. Elle ne dépend pas de son lieu de naissance, mais de l'environnement dans lequel la personne grandit. Celui-ci peut être unique, comme pour ceux qui restent dans la ville ou dans la région où ils sont nés. Il peut aussi être multiple quand les parents se déplacent pour des raisons professionnelles ou dans le cas de migrations. Pour les enfants des FFA, l'Allemagne est ce cadre multiple qui est lié simultanément à des circonstances historiques et à des parcours familiaux. Il convient de les rappeler. Le milieu FFA a eu forcément une très grande influence sur la personnalité de ceux qui y ont vécu. C'est mon cas et je ne peux développer ce sujet sans aussi évoquer ce que l'Allemagne représente pour moi. Mais, avant cela, une rapide présentation de ce que l'on entend par Forces Françaises en Allemagne est nécessaire : elles n'ont pas toujours eu la même signification.

Les FFA : rappel historique

L'histoire des Forces Françaises en Allemagne relève du domaine diplomatique et militaire, international et franco-allemand, et elle est

[8] L'identité est bien entendu plus complexe que cela mais il n'y a pas lieu ici d'entrer dans ce débat. Voir à ce sujet l'ouvrage d'Alex Mucchielli, *L'identité*, 6e éd., Coll. Que sais-je, Paris, PUF, 2003. En complément, du même auteur, on peut consulter *Les mentalités*, 1e éd., Coll. Que sais-je, Paris, PUF, 1985.

bien trop complexe et technique pour que je puisse ici en rendre compte : ce serait le sujet d'un autre livre. Dans cet historique, je m'attacherai donc à situer le cadre général des FFA, les principes d'organisation et les changements significatifs.

Après la guerre, en 1945, l'Allemagne et Berlin ont été divisées en quatre zones d'occupation, réparties entre Soviétiques (dont la zone avec Berlin-Est deviendra la République Démocratique Allemande), Américains, Britanniques et Français. La France militarisa sa zone et créa les Troupes Françaises d'Occupation en Allemagne (T.O.A) qui comptèrent jusqu'à quatre-vingt mille soldats. On réunit ensuite les zones occidentales et Berlin-Ouest pour former, en 1949, la République fédérale d'Allemagne.

En 1962, la France met officiellement fin au régime d'occupation et le 22 janvier 1963 de Gaulle et Adenauer signent le traité qui marque la réconciliation entre les deux pays. Les troupes restèrent néanmoins en Allemagne dans le cadre de l'OTAN (Organisation du Traité de l'Alliance Nord). Les T.O.A. prirent alors le nom de Forces Françaises en Allemagne (FFA).

Le statut des FFA prend un tournant en 1966, lorsque la France se retire du commandement intégré de l'OTAN[9]. De Gaulle souhaitait une réforme de l'OTAN et un système de défense orienté vers les intérêts européens, mettant fin à l'hégémonie américaine ; sa décision met Washington devant le fait accompli[10]. Il faut rappeler ici que le traité de Rome de 1957 avait jeté les bases de l'Union européenne dont on envisageait, par le biais des questions économiques, de développer les domaines de la politique et de la défense commune[11].

La décision du Général de Gaulle est claire, mais son application sur le plan technique est plus délicate. On parlera d'ailleurs souvent du « retrait de la France de l'OTAN », alors qu'il n'est que partiel dans la mesure où la France reste alliée de l'organisation sans y

---

[9] Conférence de presse du Général de Gaulle du 21 février 1966. www.cvce.eu/ content/publication/1999/1/1/6ae5dc3e-af30-4253-9926-980c27 1ad94b/ publi-shable_fr.pdf (Consulté en 2013).

[10] GIGLIOLI, « Le retrait de la France du commandement intégré de l'OTAN ». www.nato.int/acad/fellow/98-00/giglioli.pdf, p. 9 (Consulté en 2013).

[11] *Idem*, p. 11.

prendre part, sinon dans quelques situations particulières. Le principe avait déjà été mis en place avec le retrait des forces navales françaises du commandement de l'organisation, entre 1959 et 1963, et le départ des bases américaines et canadiennes installées en France avant le 1er avril 1967.

Comme le souligne le Lieutenant-colonel Lespinois, ce sont principalement les forces terrestres et aériennes implantées en RFA et dans l'est de la France qui sont concernées en 1966. Les unités de l'armée de terre, formant le 2e corps d'armée de Baden-Baden et représentant plus de 50 000 hommes, restent en Allemagne alors que les forces aériennes, qui représentent 10.000 hommes, quittent le territoire allemand. Le 1er juillet 1966, le retrait « prend une forme de rupture lorsque tous les Français intégrés aux états-majors et aux quartiers généraux alliés sont retirés et remis à la disposition de leurs armées respectives »[12].

La France reste néanmoins l'alliée de l'OTAN et serait à ses côtés en cas d'intervention. Les accords Ailleret-Lemnitzer du 22 août 1967 jettent les bases de la coopération militaire entre la France et l'OTAN :

> « Ils définissent, dès le temps de paix, une coordination dans les domaines de l'emploi des forces terrestres et aériennes, de l'appui nucléaire tactique et du contrôle de l'espace aérien. Pour le temps de guerre, ils prévoient une contre-offensive sur le théâtre Centre-Europe sous contrôle opérationnel de l'OTAN, mais sous commandement national[13]. »

Par la suite, « au fur et à mesure de l'accroissement des capacités opérationnelles des forces françaises » la France et l'OTAN renforcent leur coopération par plusieurs accords et des exercices communs[14].

Cependant le maintien et le statut des FFA posent un problème majeur. Giglioli signale que

---

[12] LESPINOIS, Lieutenant-colonel Jérôme de, « Le retrait français de l'organisation militaire intégrée de l'OTAN (1966) », In : *Histoire de l'aéronautique et de l'espace*. www.cesa.air.defense.gouv.fr/IMG/pdf/Le-retrait_francais_de_l_organisation.pdf (Consulté en 2013).

[13] *Idem.*

[14] *Idem.*

« On craint notamment que la politique d'indépendance nationale suivie par le gouvernement de Paris puisse encourager la renaissance du nationalisme allemand, et qu'après le départ français, la RFA devienne la principale partenaire atlantique des États-Unis sur le vieux continent. En ce qui concerne les conséquences du retrait français sur les rapports franco-allemands, la question principale concerne le statut futur des Forces Françaises en Allemagne (FFA)[15]. »

Selon cet auteur, les divergences sont nombreuses en ce qui concerne les FFA. Les Alliés considèrent que la question relève de l'OTAN, et que tous les partenaires doivent faire partie des discussions, alors que Paris estime qu'il s'agit d'une affaire franco-allemande.

Mais Français et Allemands n'ont pas la même approche du problème. Il est politique pour les premiers, militaire et juridique pour les seconds. Cependant les deux pays s'entendent pour dire qu'il est nécessaire de procéder à de nouveaux accords. La méfiance est grande de part et d'autre. D'un côté, on pense que les Allemands cherchent à occuper une place privilégiée dans le partenariat avec les États-Unis ; de l'autre côté, on suspecte la France de vouloir obtenir, en Allemagne, un statut spécial qui permettrait aux troupes de rester stationnées sans avoir à assumer leur rôle de défense.

Le statut des FFA, comme celui d'autres forces de l'OTAN, dépendait alors de la Convention de Londres du 19 juin 1951 entre les parties, du Traité de l'OTAN, des accords de Paris (23 et 24 octobre 1954) et de l'« accord complémentaire » de Bonn du 3 août 1959. Pour les Allemands, le retrait de la France de l'Organisation remet en question ces accords alors que Paris n'y voit pas de contradiction au maintien de ses troupes en Allemagne. Même si les points de vue sont divergents, le gouvernement allemand ne s'oppose pas au maintien des FFA, mais il réclame un statut et une mission précise. Le principal point concerne la position de la France quant à l'utilisation des FFA dans le cas d'un conflit engageant l'OTAN. Cependant, ni les Français ni les Allemands, ne veulent apparaître comme des « demandeurs ». Les négociations sont longues et difficiles et la

---

[15] GIGLIOLI, *Op. Cit.*, p. 3.

France traite séparément avec l'Allemagne et l'OTAN pour résoudre des questions litigieuses. Quelques années plus tard, François Seydoux, alors ambassadeur de France à Bonn, racontera en détail les discussions franco-allemandes *in situ*[16].

Un compromis est finalement trouvé avec les accords franco-allemands du 13 décembre 1966, entérinés par un échange de lettres entre les deux ministres des Affaires étrangères, Maurice Couve de Murville et Willy Brandt, le 21 décembre. Ainsi,

> « Les Allemands acceptent de ne pas remettre en cause le statut des FFA, avec quelques modifications mineures, contrairement à leur position initiale ; les Français admettent que le stationnement des FFA, même d'après les accords de Paris de 1954, implique l'accord du gouvernement fédéral, reconnaissant ainsi sa souveraineté[17]. »

Toutefois, la question des conditions de participation des Forces Françaises en Allemagne aux opérations de l'OTAN n'est pas réglée. L'accord du 22 août 1967 entre les généraux Lemnitzer et Ailleret les définiront, « sur la base du passage de l'intégration à la coopération » et François Seydoux observe :

> « L'accord assurait ainsi une continuité avec le rôle attribué aux FFA avant mars 1966 et limitait les conséquences militaires concrètes du retrait français du système intégré[18]. »

Dans une autre étude, on constate des changements substantiels qui peuvent paraître un peu superficiels quand on considère l'enjeu de la présence des troupes françaises en Allemagne dans le domaine de la défense occidentale. Les FFA sont désormais les « hôtes de la République fédérale ». Le drapeau allemand devra figurer sur les installations des forces françaises auprès des couleurs françaises. La France devra notifier au Gouvernement de Bonn le choix des Commandants des grandes unités françaises stationnées en Allemagne. Elle devra faire de même pour les lieux de stationnement

---

16 SEYDOUX, François, *Dans l'intimité franco-allemande. Une mission diplomatique*, Paris, Editions Albatros, 1977.

17 *Idem*, p. 49.

18 *Idem, ibidem.*

des troupes et leurs mouvements à l'intérieur du territoire fédéral ou à la frontière franco-allemande. Un nouveau poste est créé auprès du Commandant en chef français, celui de délégué du Gouvernement de la République fédérale d'Allemagne, dont la mission est d'assurer, à l'échelon supérieur, les relations entre l'armée française et les autorités de la RFA. Le statut des forces françaises affectées à l'exercice des droits et responsabilités de la République française à Berlin, quant à lui, reste inchangé. Et

> « Aux termes de cette étude, il apparaît que les accords du 21 décembre 1966 ont pour caractéristique essentielle d'avoir réussi à incorporer dans un cadre juridique préexistant, qu'ils n'ont pas modifié, une nouvelle dimension d'ordre politique, à savoir la constatation qu'aujourd'hui la présence de forces françaises en République fédérale n'a de sens que si elle répond au vœu du Gouvernement de Bonn et est bien comprise comme satisfaisant aux intérêts fondamentaux de l'Allemagne de l'Ouest[19]. »

Après 1990, la chute du mur de Berlin, la dissolution de l'Union soviétique et la réunification allemande ont rendu inutile le maintien de l'armée française. Il restait alors 46.000 soldats. Les FFA furent rebaptisées Forces Françaises Stationnées en Allemagne (FFSA). En 1994, les Alliés quittèrent Berlin qui redevint capitale de l'Allemagne. Peu à peu les troupes et les civils qui les accompagnaient rentrèrent en France. En 1999, on comptait encore 25.000 militaires, on parla alors des Forces Françaises et Éléments Civils Stationnés en Allemagne (FFECSA). Le retrait continua et, aujourd'hui, c'est dans un esprit de défense européenne que subsistent encore quelque cinq mille soldats. La création en 1989 de la Brigade Franco-Allemande, embryon de l'Eurocorps, fit partie de cette évolution.

---

[19] « Le retrait de la France des structures militaires de l'O.T.A.N. et les forces françaises d'Allemagne ». In : *Annuaire français de droit international,* volume 12, 1966. pp. 784-798. doi : 10.3406/afdi.1966.1906 www.persee.fr/web/revues/home/prescript/article/afdi_0066-3085_1966_num_12_1_1906 (Consulté en 2013).

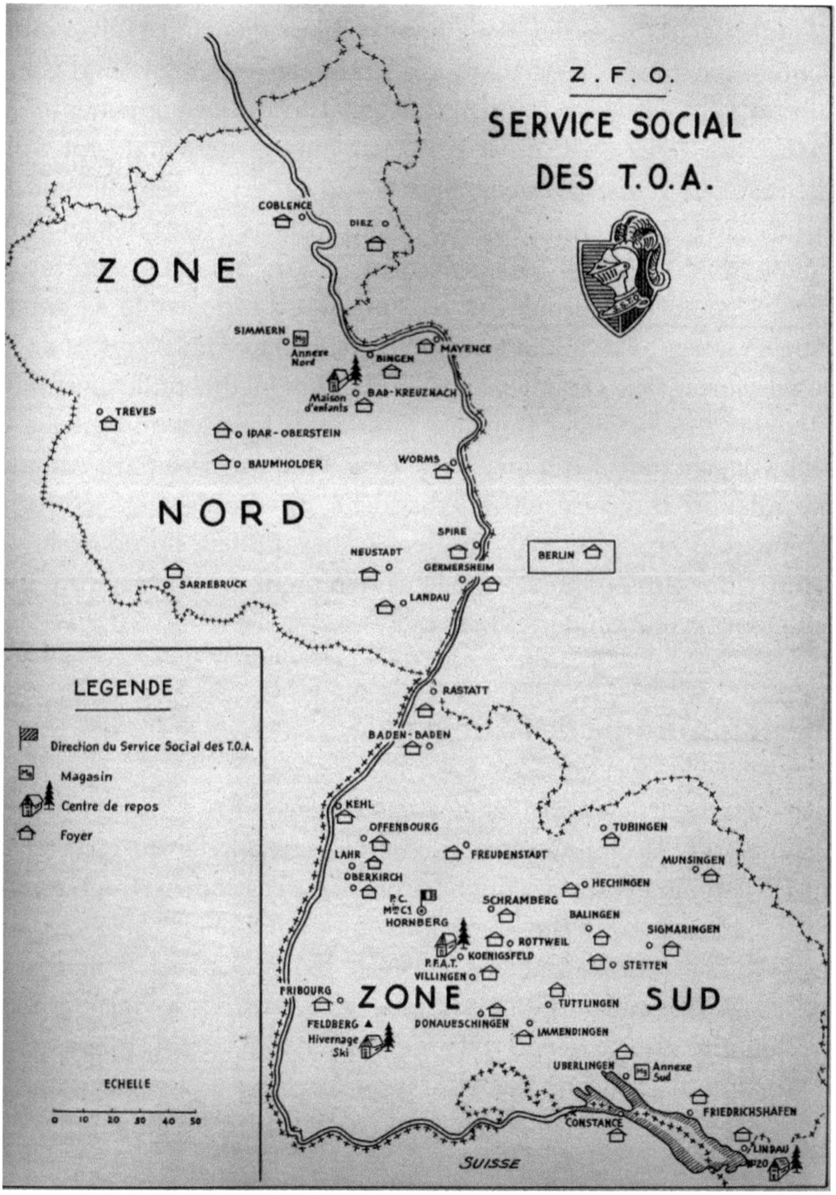

01 - Territoires Français d'Occupation en Allemagne, 1948
Revue d'Information des Troupes Françaises d'Occupation en Allemagne
(Archives familiales)

Il faut préciser que, dès 1948, de nombreux éléments civils vinrent s'ajouter aux troupes d'occupation – quarante-neuf régiments – pour assurer divers services administratifs et, surtout, l'enseignement.

Ainsi, de 1948 et jusqu'à 1999, pas moins de vingt-sept villes allemandes, la plupart situées dans le sud du pays, accueillirent des Français qui s'installèrent, outre dans les casernes, dans des quartiers résidentiels construits exclusivement pour eux. Le centre du commandement des armées et de l'administration civile se situa à Baden-Baden[20], dans le Baden-Württemberg, qui constitua, en quelque sorte, la « capitale » des FFA. Huit à dix mille personnes habitaient cette « ville » française originale. Le secteur français de Berlin, enclavé dans l'Allemagne de l'Est, était un cas à part. Au total, la population française en Allemagne a pu représenter, de forme permanente, entre 60 et 100 mille personnes. C'était, du point de vue des individus, une population particulièrement mouvante, du fait de la fréquente mutation des militaires[21].

Le poids intime de l'Allemagne

J'ai cette particularité d'avoir connu les FFA sous trois jours différents : fils de militaire, fils de civil puis appelé du contingent. Mais l'Allemagne a représenté bien plus que ces statuts. Il me semble ici que l'évocation de quelques souvenirs personnels est nécessaire. Sans cela, comment faire comprendre le poids que l'Allemagne a eu dans la vie de beaucoup de Français des FFA ? Ce pays fait partie de mon identité. Il ne s'agit pas de nationalité. C'est le passé, la construction de la personnalité qui importe.

Je suis né en France, en 1952, mais j'ai parfois le sentiment d'y être né par hasard.

---

20 Il s'agissait en fait de Baden-Oos, près de Baden-Baden, mais il n'est pas utile ici de retenir ce détail, dans le langage courant on ne parle que de Baden-Baden ou, plus simplement, de « Baden ». Je reviendrai sur ce point.

21 Voir l'article sur les FFA de l'encyclopédie virtuelle Wikipedia: fr.wikipedia.org/wiki/Forces_françaises_en_Allemagne. Voir aussi *Histoire des Forces Françaises en Allemagne, de l'origine à nos jours* : www.pulrulczyk.inf o/mapage4/index.html (Consulté en 2009).

Scientifique, universitaire, conférencier et militaire de carrière, mon père a passé une grande partie de sa vie en Allemagne où il a exercé de très nombreuses activités au service de la France. De 1945 à 1949, il avait donné des cours sur les armes spéciales, notamment les nouvelles armes nucléaires et chimiques, à l'École d'Application d'Artillerie d'Idar-Oberstein. Il avait été ensuite, jusqu'en 1951, membre de la Haute Commission Alliée pour le Land Rhénanie-Palatinat, en zone d'occupation française, et délégué (il me semble l'équivalent de préfet) du cercle de Birkenfeld. Il avait été également

02 - Idar-Oberstein vers 1948 (Archives familiales)

03 - Vue aérienne de l'École d'Application Militaire
à Idar-Oberstein en 1948 (Photo Raymond Nardi)

04 - Siège du Gouvernement Militaire du Cercle de Birkenfeld, 1950
Publication du Cercle (Archives familiales)

Responsable des affaires culturelles dans l'Association des Amis de la Rhénanie. Sa connaissance parfaite de l'allemand était un atout considérable dans la réconciliation franco-allemande pour laquelle il œuvra dès la fin de la guerre. Certaines de ses conférences avaient été diffusées sur les ondes allemandes et il avait établi des relations scientifiques avec les sociétés savantes locales et les universités de Mainz (Mayence) et de Tübingen[22]. Il aimait la nature et était un mycologue reconnu. Mais à Idar-Oberstein, il avait préféré se pencher sur les pierres précieuses, abondantes dans la région. Il participait aussi à de nombreuses chasses et pêches. Ses fonctions officielles créaient autant de motifs pour organiser de fréquentes rencontres avec les Allemands, amoureux de la nature comme lui.

Mes parents étaient donc à Birkenfeld en 1950 quand ma sœur, Geneviève, est née. Ma mère, comme pour moi, avait préféré accoucher auprès de sa famille, en France ; nous sommes donc tous les deux nés à Marseille.

Un peu plus tard, mon père était attaché militaire à l'ambassade de France, à Bonn. Au cours cette période, entre 1956 et 1959, il travailla pour la mise sur pied des forces armées de la République fédérale d'Allemagne et de la *Bundeswehr,* n'hésitant pas à donner des conférences en France sur ce thème et même, plus tard, sur la défense nationale française à l'*Akademie für Wehrverwaltung und Wehrtechnik* (École Supérieure d'Administration et de Technique Militaire de la Bundeswehr) à Mannheim.

Il fut récompensé pour son action en faveur de l'amitié franco-allemande par ce qui était à l'époque, il me semble, la plus haute décoration allemande, la *Verdienst Kreuz 1ter Klasse* (Croix du mérite de 1ère classe) ; elle lui fut remise par le président de la République fédérale, Theodor Heuss, en mai 1959. De toutes les décorations militaires et civiles qu'il reçut, c'était, je crois, celle dont il était le plus fier.

J'avais quatre ans quand nous sommes arrivés à Bonn. C'était une ambiance internationale. Aux fêtes d'anniversaires, il y avait des amis

---

22 En principe je conserve les noms de villes et de lieux en allemand, précisant éventuellement l'équivalent français.

de toutes nationalités, la plupart fréquentant l'école française. On vivait dans cette République fédérale d'Allemagne qui venait de naître et ne savait pas encore comment panser les blessures provoquées par la guerre. Mais la vie avait repris son cours et les traditions redonnaient de la gaîté au rythme des saisons. Les dimanches, après la messe, mon père nous emmenait, ma sœur et moi, au cinéma pour assister aux matinées pour enfants. On y passait des films adaptés de contes d'Andersen et de Grimm ou des aventures de *Dick und Doof* (Laurel et Hardy) et de Charlot. L'après-midi, les sorties en forêt se terminaient immanquablement au salon de thé par un *Kaffeetrinken*, dans l'odeur des gâteaux, la fumée des cigares et le brouhaha des conversations joviales. Le *Rosenmontag*, le jour du carnaval, je défilais, habillé en magicien, au milieu des Allemands. Au printemps, on allait faire des balades au bord du Rhin. En novembre, je faisais partie de ces groupes d'enfants qui, le soir, allaient de maison en maison avec des lampions, pour chanter des chansons en échange de quelques bonbons – on ne parlait pas encore d'*Halloween*. En décembre, il y avait les réunions avec *Santa Claus* (Saint-Nicolas) et son horrible père Fouettard. Puis, bien sûr, tout au long de l'année, il y avait les fêtes religieuses, le dimanche des Rameaux, les chants sous le sapin de Noël. J'ai vécu tout cela dans une langue de français et d'allemand mélangés, sans parler de la messe qui était encore en latin. Aujourd'hui encore, je ne peux imaginer les chants de Noël autrement qu'en allemand : *Stille Nacht, heilige Nacht, alles schläft... O Tannenbaum wie treu sind deinen Blattern...*[23] Au départ d'Allemagne, mon père eut l'occasion d'acheter les meubles de notre appartement dont certains, ceux de la salle à manger, de la cuisine et de la chambre, font encore partie de notre environnement dans la maison familiale du sud de la France, cinquante ans après !

Nous avons quitté l'Allemagne pour vivre en France, entre 1959 et 1963. C'était les années de la guerre d'Algérie. On vivait les événements avant tout par la radio : la télévision n'en était encore qu'à ses débuts. Alors, même sans le vouloir, on écoutait les nouvelles des combats, des attentats de l'OAS sur le territoire français, des

---

[23] Titre français des chants : *Douce nuit* et *Mon beau Sapin.*

05 - La Mercedes du corps diplomatique devant notre maison de la Drachenfelstrasse à Bad Godesberg, 195

06- Ma sœur et moi au bord du Rhin en 1957

07 - Magicien lors du *Rosenmontag*, à Bad Godesberg en 1958 en compagnie de ma sœur et d'une amie Allemande, Elisabeth Bruder (au centre)

manifestations aux cris de « Algérie française ! » dont on pouvait voir les traces par les graffitis inscrits ou marqués un peu partout. On écoutait les discours des politiques, avec les fameuses conférences de presse du Général de Gaulle et les sketches de son imitateur, Henri Tisot. En 1961, j'étais à Marseille et on voyait déjà les réfugiés débarquant des bateaux surchargés, arrimés dans le port.

Mon père ne participa que très peu à la guerre. Il avait été affecté à l'État-major, en tant que responsable d'un groupement d'assaut amphibie, à la base navale de Bizerte, en Tunisie, et il y était, quand éclata le conflit entre la France et la Tunisie en 1961. Il fut ensuite rappelé en métropole pour assumer d'autres responsabilités, à l'École Militaire de l'Énergie Atomique de Cherbourg. J'étais sans doute trop jeune pour comprendre vraiment ce qui se passait en Afrique du Nord et en France, mais tous ces événements me marquèrent et s'inscrivirent dans mon inconscient. Il me faudra plus de trente ans, et être loin du pays, pour comprendre pourquoi j'avais toujours vu la France comme un pays colonialiste, avec l'image du drapeau tricolore planté sur le sol africain. Encore aujourd'hui, j'ai l'impression que ces années-là n'ont été qu'une parenthèse dans ma vie allemande.

À l'automne 1963, nous arrivâmes à Baden-Baden, dans le cadre des FFA. On avait proposé à mon père de revenir à l'Ambassade de France, mais il avait préféré terminer sa carrière militaire en tant que Conseiller Scientifique auprès du Général Commandant en Chef des FFA.

J'avais douze ans quand je suis allé à Berlin avec mes parents. Mon père, je crois me souvenir, avait été invité pour une série de conférences et il avait profité de l'occasion pour emmener toute la famille. Nous avions traversé l'Allemagne de l'Est en train. Tous les rideaux devaient rester baisser. Il était interdit de regarder dehors, mais j'ai passé outre, discrètement. C'était la nuit. Et j'ai vu les *vopos,* (policiers/soldats est-allemands) figés dans leurs uniformes, qui montaient la garde, plantés tous les cinquante mètres comme des poteaux. La guerre froide était à son comble, la paranoïa aussi. C'était l'hiver. Il faisait froid. Je me souviens d'un lac gelé et d'un cygne transi auquel j'essayais de donner quelques miettes de pain. Le ciel était gris sur la ville blanchie par la neige. D'ailleurs, tout était gris, triste et silencieux. Triste, car il y avait le mur. Oui, le mur dont on osait à peine parler. Celui qu'on n'appelait peut-être pas encore « de la honte » et qui impressionna le gamin que j'étais, bien que peu conscient de tout ce qu'il signifiait. Il venait tout juste d'être construit. Une carte postale montrait la Postdamer Platz avant et après le mur ;

08 - Carte postale. Berlin. La Postdammer Platz
avant et après le mur, 1964 (Archives familiales)

09-10 - Le mur de Berlin, hiver 1964

11 - La Brandenburgertor, Berlin, hiver 1964

12 - Les cygnes de Berlin, 1964

la vie animée et presque musicale avait fait place au vide et au silence : le contraste était frappant. Personnellement, je revois encore la *Brandenburgertor,* majestueuse et solitaire, sous laquelle il ne passait plus personne. J'avais rapporté en souvenir un petit bus à étage sur lequel étaient inscrits ces mots : *Berlin ist eine Reise wert* (Berlin vaut vraiment le voyage). On était en 1964.

Je me souviens encore de familles qui se regroupaient le dimanche, de part et d'autre des barbelés, pour se faire quelques signes, sans pouvoir s'échanger de-paroles à cause de la distance. Plus tard, vivant en Allemagne, j'ai croisé des gens qui avaient pu passer à l'Ouest avant la construction du mur[24]. J'ignorais que j'étais témoin d'événements décisifs ; quand on est enfant, on ne mesure pas l'importance de tout ce que l'on voit.

Pour les jeunes Français d'aujourd'hui, le mur de Berlin, ce n'est sans doute que des mots et des photos dans un manuel d'histoire[253]. À l'inverse, moi, j'avais partagé le destin des Allemands, bien que de loin. J'ai pleuré quand j'ai vu le mur tomber à la télévision et j'ai regretté de ne pas être présent, ce jour-là, pour partager la joie des Berlinois et de tout un peuple qui, d'une certaine façon, était aussi le mien.

En 1966, mon père, rattrapé par l'âge, quitta l'armée et, comme il avait des diplômes universitaires et l'équivalent de l'agrégation, il devint professeur de sciences naturelles. La Direction de l'Enseignement français en Allemagne lui offrit un poste et nous passâmes un an à Trier (Trèves), avant de revenir à Baden que mes parents quittèrent définitivement en 1974.

Après mon service militaire à Friedrichshafen en 1972-73, sur lequel je reviendrai plus loin, je suis finalement « rentré » en France, fin 1973, pratiquement à l'âge de 22 ans. Comme je ne savais pas où

---

[24] Mes parents avaient engagé, pendant un certain temps, une femme de ménage qui avait fui l'Allemagne de l'Est, Mme Kuschielsky.

[25] Il y a une quinzaine d'années, professeur d'université au Brésil, je racontais cette visite à Berlin à mes étudiants en cours d'histoire économique. Les yeux effarés, ils me demandèrent : « Mais, Monsieur, vous avez quel âge ? », comme si la construction du mur faisait partie de la nuit des temps. Bien que plus proches des lieux de l'histoire que les Brésiliens, les jeunes Français n'en n'ont pas moins perdu la notion du temps.

aller, je me suis provisoirement installé à Strasbourg, où j'avais tous mes amis. Le reste n'est plus que suite de vie. Le travail, les voyages à travers l'Europe et dans le monde – années 70 obligent –, les études universitaires, les diplômes ont fait de la France, pour moi, un lieu de passage, de séjours plus ou moins longs. Je n'ai pas le sentiment d'y avoir réellement vécu, même si j'y ai habité, étudié et travaillé quelque temps. Le Brésil, où j'ai mis les pieds pour la première fois en 1978, et la langue portugaise m'avaient captivé et j'ai fini par m'y installer définitivement. En quelque sorte, le carnaval de Rio de Janeiro ou de Salvador de Bahia n'ont été pour moi que la continuité d'une tradition allemande.

Il convient de dire que si je réside aujourd'hui au Brésil, c'est directement à cause de l'Allemagne. Cela ne se serait certainement pas produit si j'avais grandi en France. Quand j'ai commencé à fumer, vers dix-sept ans, j'ai rapidement délaissé la cigarette pour la pipe et, surtout, les cigares faits avec du tabac de Bahia. Les Allemands ont toujours été friands de ce type de cigares, consommés par toutes les couches de la population. Je m'y étais tant habitué que, par la suite, vivant dans le sud de la France, où l'on ne trouvait pas ces cigares à cause du monopole d'État, je me rendais régulièrement en Suisse pour faire ma provision chez Besson, 22, rue du Bourg, à Lausanne. Comme je n'étais pas fortuné, je voyageais en auto-stop pour consacrer le plus d'argent possible à mes cigares brésiliens favoris. Quand je suis arrivé au Brésil, en tant que touriste, en 1978, c'est tout naturellement que je suis allé visiter les fabriques de cigares de Bahia. Je ne parlais pas encore le portugais et c'est en allemand que je me suis fait guider. En effet, les Allemands Sürdieck (écrit aussi Suerdieck) et Dannemann avaient créé les deux plus grandes fabriques à la fin du XIXe siècle et la langue était encore utilisée dans les entreprises par quelques responsables. Par la suite, j'ai fait une maîtrise et un doctorat sur l'histoire du tabac brésilien, dont je suis un spécialiste reconnu. J'habite à une demi-heure de route de la plus grande fabrique de cigares de Bahia et il ne se passe pas une journée sans que j'en fume un.

Entre-temps, j'ai ressenti assez vite le manque de l'Allemagne. C'est ainsi que, après l'avoir quittée, je me suis intéressé à son histoire et à sa littérature. J'ai plus appris, intellectuellement, sur la culture allemande que lorsque j'habitais le pays. Mais c'était normal, car l'ambiance n'y était pas vraiment propice, nous verrons pourquoi.

Je ne parlais pas très bien la langue, mais je n'avais pas envie de perdre le peu que je savais. Alors, pour la conserver, je suis retourné aussi souvent que possible passer quelques semaines dans le pays. Je m'étais fait quelques amis allemands, au cours de mes voyages et à la faculté, et c'était une bonne occasion de les revoir, en particulier Beate Martin et Ernst Beierlein. C'est ainsi que, en 1980, j'étais pour le *Fastnet* (carnaval) à Überlingen, sur le Bodensee (Lac de Constance). En passant la frontière, j'ai eu l'impression de rentrer chez moi. L'année suivante, je fréquentais une Canadienne et je voulais lui faire connaître le pays de ma jeunesse. Nous avons ainsi traversé l'Autriche et l'Allemagne en moto durant un mois d'été. Nous nous sommes quittés à Köln (Cologne), car je devais reprendre mon travail (j'étais réceptionniste dans un grand hôtel) alors qu'elle, disposant encore de jours de vacances, continuait vers la Hollande. Ce fut la dernière fois que j'ai vu la maison de Bad Godesberg où j'avais passé mes premières années allemandes. Quant à Baden, ma dernière visite eut lieu en 1992 ; cela fait plus de vingt ans !

Aujourd'hui, j'ai presque tout perdu de l'allemand. Il y a quelques années, j'ai survolé l'Atlantique à plusieurs reprises avec la compagnie Lufthansa, et j'ai pu me procurer à l'aéroport de Frankfurt quelques CDs de chanteurs comme Nena, Westernhagen et Reinhard Mey. Cela me permettait d'entendre le son de la langue de temps de temps. Puis j'ai essayé de m'y remettre par le biais de l'Internet, en consultant régulièrement le *Franfurter Allgemeine.* Il m'est facile de comprendre les brèves ou les sujets d'actualité connus par d'autres sources, sans (trop) passer par un logiciel de traduction : je n'ai pas perdu l'habitude de consulter les dictionnaires imprimés. Même si c'est dans des traductions françaises ou portugaises, il suffit que je lise un roman de Bernhard Schlink, Wilhem Genazino, Hans-Ulrich Treicel, Friedrich Christian Delius, Günther Grass ou Ingo Schulze, pour me retrouver dans une ambiance qui m'est toute proche. Enfin, la technologie évoluant, je peux assister sur Internet à des films et des documentaires en allemand. J'aime en particulier les épisodes des séries policières – *Der Alte* (le Renard), *Ein Fall für Zwei* (Un cas pour deux), Derrick – dont les dialogues sont prononcés lentement et clairement. Parfois, les sous-titres en français (anglais, espagnol ou portugais) m'aident à me refamiliariser avec l'allemand et à comprendre des mots que je reconnais à l'oreille, mais dont j'ai oublié le sens. Malheureusement, je n'ai pratiquement jamais l'occasion de parler la langue. Les Allemands que je rencontre, le plus souvent, habitent au Brésil et parlent le portugais ; il m'est parfois arrivé de faire visiter des fabriques de cigares à des touristes allemands.

Actuellement, professeur et chercheur, auteur de plusieurs livres, ma langue est le portugais[26]. Je me sens plus Brésilien qu'autre chose, mais je ne peux renier mes origines et quand j'ai le mal de l'Europe, c'est naturellement les paysages allemands qui défilent dans ma tête en premier. Un jour de blues, j'ai écrit (en portugais) cette chanson dont le refrain dit plus ou moins ceci : « Allemagne, Allemagne, demie Patrie bien-aimée, je t'ai délaissée pour ce paradis tropical sans savoir que les poètes d'ici chantent la nostalgie bien plus que les tiens. »[27]

---

[26] Tous mes livres sont publiés au Brésil. J'avais perdu l'habitude d'écrire en français et cela fait peu de temps que je m'y suis remis, ce qui peut expliquer certaines imperfections de style présentes dans ce texte.

[27] « Patrie bien-aimée » est un extrait de l'hymne national brésilien. Nostalgie est un mot français qui traduit mal l'original portugais *saudade* qui se rapproche de l'allemand *Heimweh, Sehnsucht*. Ce n'est qu'un poème parmi d'autres sur mes souvenirs allemands.

1re PARTIE : LA VIE CHEZ LES FFA

1. LE MILIEU FFA

Les Français ont beaucoup de mal à imaginer ce qu'a pu être la vie de leurs concitoyens en Allemagne, dans le cadre des FFA. Et sans doute, de nombreux Allemands l'ignorent aussi, même ceux qui les ont côtoyés. Et pour cause : c'est un phénomène dont on ne parle jamais. Nous pénétrons donc dans un monde pratiquement inconnu que je vais essayer d'analyser. On y trouvera quelques informations, plus destinées à soulever la réflexion sur les FFA qu'à décrire en profondeur les conditions de la présence française.

Les premières années

La *Revue d'Information des Troupes Françaises d'Occupation en Allemagne*, mensuelle, vit son premier numéro sortir en octobre 1946. Son siège se situait au nº 3 de la Kronprinzenstrasse, à Baden-Baden. Elle parlait, bien sûr, de la vie militaire et sociale des Français en Allemagne, mais traitait surtout de questions culturelles. Elle abordait ainsi des sujets sur l'histoire, la géographie et la culture allemande. Mon père y publia deux articles, le premier sur les ardoisières du Hunsrück et « La télévision à l'École d'Application d'Artillerie d'Idar-Oberstein »[28].

Les quelques numéros dont nous disposons laissent le lecteur un peu pantois. Difficile d'imaginer, même avec le recul, que, dès 1946, on organisait des manifestations sportives de grande ampleur, telles

[28] *Revue d'Information des Troupes Françaises d'Occupation en Allemagne*, nº 27 (10/1947), pp. 42-44. Idem, nº 30 (03/1948), pp. 43-45.

que les régates de Constance (1946) ou la semaine sportive de Berlin (1947). Les sportifs étaient, pour la plupart, des militaires français. L'histoire qui suit semble tout à fait extraordinaire.

En septembre 1945, soit quatre mois à peine après la fin de la guerre, sur l'initiative du Capitaine Prillard, les adeptes du tennis de la zone d'occupation française commencèrent à se regrouper pour fonder, l'année suivante, le Tennis Club de Baden-Baden. Il regroupait 800 adhérents, Français ou Alliés. En 1946, le Club organisa le premier tournoi international dont le vainqueur fut le Belge Peten. Lors de l'édition 1947 du tournoi, neuf pays participaient avec des joueurs fameux tels que le « mousquetaire » Jean Borotra, battu par Boussus en finale homme, et Mlle Patorni qui gagna le titre chez les femmes[29]. Plus qu'un simple divertissement pour les militaires et leurs familles, ces tournois prennent un sens si l'on sait que le tennis est une tradition locale à Baden-Baden : le premier club d'Allemagne y a vu le jour, en 1881. N'était-ce pas là une façon sympathique de créer des liens entre les populations d'occupation, d'origines diverses, et les Allemands ? Les trois jours du tournoi de 1947 se déroulèrent « sur les coquets aménagements de la Lichtentalerallée » et, s'il n'y eut pas d'Allemands parmi les joueurs, les Badenois étaient nombreux dans le public.

Pour les besoins des familles des troupes d'occupation et des éléments civils qui les accompagnaient, on construisit progressivement des quartiers français dans les villes allemandes, qu'on appela « cités ». Celles de Baden-Baden furent les plus importantes. L'enseignement fut peut-être un des facteurs qui prévalut à la création des « cités » : il fallait ouvrir des établissements scolaires pour les enfants. Sous le régime d'occupation, les établissements dépendaient de l'Académie de Strasbourg, mais, en 1962, la Direction de l'Enseignement Français en Allemagne vit le jour ; le Commandant en Chef des FFA en devint aussi le premier Responsable. Ainsi naquirent les lycées français de Trèves, Mayence, Coblence et autres villes ; le Lycée Charles de Gaulle de Baden-Baden fut le fleuron de ces établissements.

[29] *Idem*, nº 25 (10/1947), pp.61-63.

13 - Couverture de la *Revue d'Information des Troupes Françaises d'Occupation en Allemagne* (Archives familiales)

Un revers de Mlle Patorni, qui enleva le simple dames

Devant Borotra, le Général Koenig félicite Boussus

14-15 - Tournoi de tennis à Baden-Baden, 1947. *Revue d'Information des Troupes Françaises d'Occupation en Allemagne* (Archives familiales)

Les quartiers français de Baden-Oos

À Baden-Baden, la vie était très spéciale. On vivait entre Français sur le sol allemand, dans une « ville » très fonctionnelle, construite entre 1952 et 1958, en fonction d'une hiérarchie militaire et pour les besoins des populations militaires et civiles : « les quartiers français de Baden-Oos » (nom officiel). Le village de Baden-Oos était devenu quartier (*Stadtteil*) du district (*Landkreis*) de Baden-Baden ; il avait accueilli la première gare de train de la ville[30]. Son territoire était ainsi divisé entre ville allemande et quartiers français. Ceux-ci n'étaient d'ailleurs pas desservis par les transports en commun badenois. Une ligne de trolleybus passait par la rue qui reliait Baden-Oos au centre-ville, mais elle était en bordure des quartiers français ; ceux qui habitaient le plus loin, se trouvaient à environ deux kilomètres de la première station.

La « ville » française comprenait deux parties distinctes avec, d'une part, la caserne – le quartier Maréchal de Tassigny – et d'autre part, les quartiers d'habitation et de services. Le tronçon d'autoroute, qui menait au centre-ville, les séparait, mais une sortie spéciale permettait d'accéder directement aux quartiers français. On accédait à la caserne par une rue ou, à pied, par une passerelle.

La « ville » était quadrillée en « cités » auxquelles on avait donné le nom de Paris, Bretagne, Normandie et Thiérache. Tous les immeubles étaient baptisés d'un nom de ville de France. Bien agencés entre les rues et les pelouses, c'était des « blocs » – comme on les appelait – de trois étages, comprenant douze appartements. Quelques officiers supérieurs avaient droit à une « villa » bâtie au bord de la forêt ; c'était le cas du chef d'État-major et du Général en Chef Adjoint ; le Général CCFFA logeait dans « La résidence », une villa légèrement isolée dans la forêt, située à environ 800 m.

Il faut ici mentionner le cas de la cité Paradis qui était à part ; on ne l'appelait « cité » que par analogie aux autres quartiers. Si mes souvenirs sont exacts, c'est là que se trouvait le consulat français ; elle

---

30 Articles de l'Encyclopédie Wikipédia sur Baden-Oos, respectivement : de.wikipedia.org/wiki/Oos_(Baden-Baden) et de.wikipedia.org/wiki/Baden-Baden.

était sans doute un de ces quartiers réservés aux diplomates (comme celui où nous habitions à Bad Godesberg) et les logements n'étaient pas attribués aux membres des FFA, bien qu'il y ait pu avoir des exceptions. Quand je parle des « cités » dans ce texte, je ne l'inclus pas.

Dans les quartiers français, il existait quatre hôtels militaires destinés à recevoir les personnels de passage ou ceux qui, fraîchement mutés, attendaient un logement. Le Mess-hôtel La Tour d'Auvergne était celui des officiers ; il servait souvent de salle des fêtes. Le Blandan était réservé aux sous-officiers comme le Bellone qui accueillait aussi les Personnels Féminins de l'Armée de Terre (PFAT) et des infirmières. L'Hôtel Paris était d'un accès plus ouvert, pouvant, je crois, recevoir des personnels civils en mission.

Les achats courants, d'alimentation et autres, s'effectuaient dans trois économats de l'armée (supermarchés) et un magasin de presse (librairie messagerie). Le dispositif sanitaire comprenait une pharmacie et un dispensaire familial ; l'hôpital français se trouvait à Bühl, une ville voisine. Les activités sportives pouvaient se pratiquer sur des cours de tennis (deux clubs), un terrain de volley-ball, qu'il fallait réserver ; pour certains sports comme le football, on pouvait utiliser le stade du Lycée, après autorisation. On ne disposait guère d'établissements destinés aux loisirs, sinon la Maison des Jeunes ; on pouvait aussi aller au cinéma Desaix, situé dans la caserne.

L'enseignement était donné dans divers établissements : un jardin d'enfants, deux écoles primaires et le Lycée Charles de Gaulle qui comprenait deux établissements secondaires, l'un général et l'autre technique. Il était, de plus, pourvu d'un internat.

Les lieux de culte catholique, protestant et juif avaient été rassemblés autour d'une petite place, certains dans le même immeuble. L'église Notre-Dame-de-la-Paix, dans la cité Normandie voyait passer les cérémonies les plus importantes, mais il y en avait une autre, cité Thiérache : l'église des Trois Chênes.

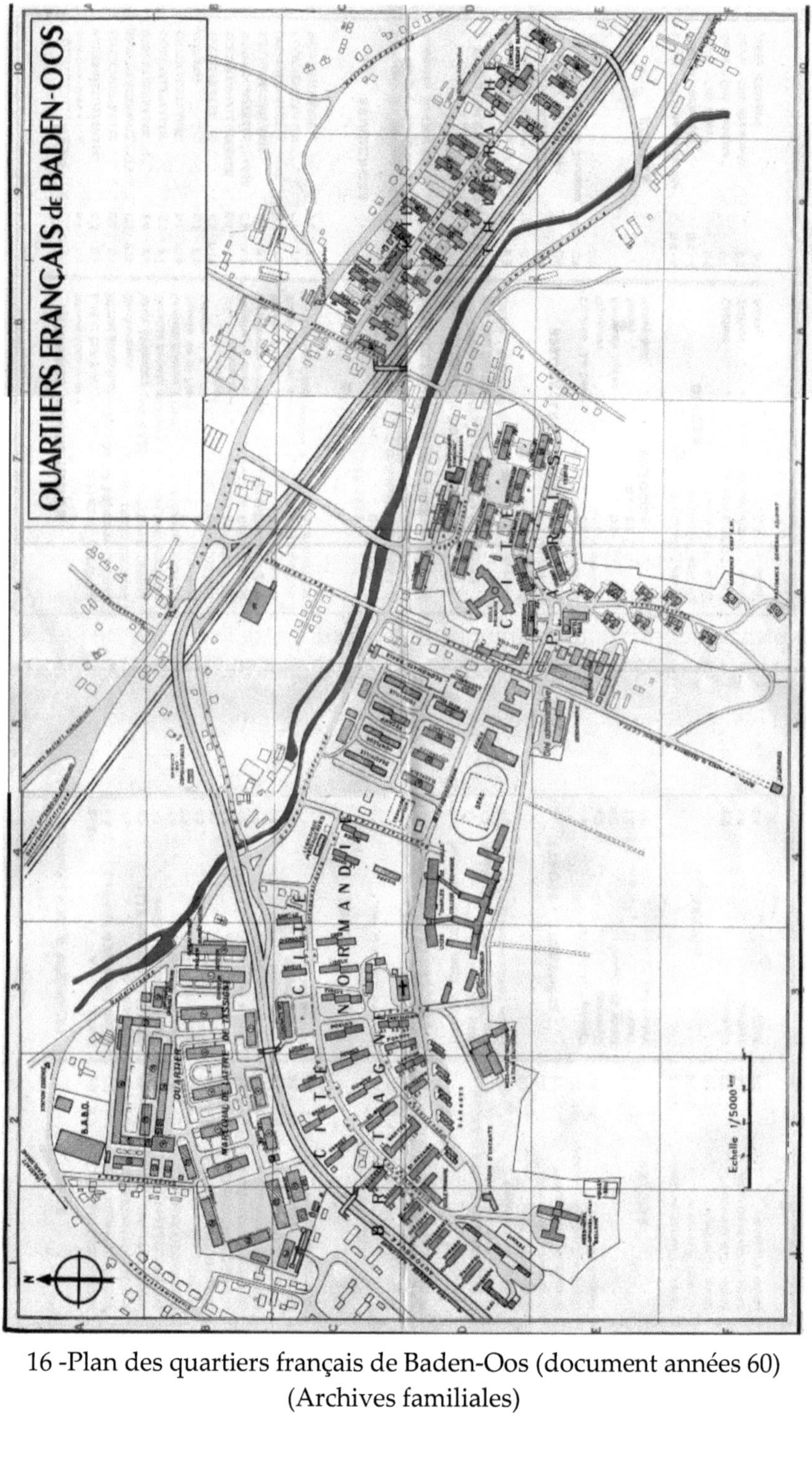

16 -Plan des quartiers français de Baden-Oos (document années 60)
(Archives familiales)

17 - Vues des quartiers français de Baden-Oos (documents années 60)
(Archives familiales)
En bas, bâtiments du Quartier Maréchal de Tassigny. Au centre, cité Normandie. Au fond, bâtiments du lycée (derrière le clocher de l'église Notre-Dame-de-la-Paix). Au fond, à gauche, cité Paris.

18 - Vues des quartiers français de Baden-Oos (documents années 60)
(Archives familiales)
En bas, bâtiments du Quartier Maréchal de Tassigny. À gauche, cité Normandie. À droite, cité Bretagne avec, au fond, l'Hôtel La Tour d'Auvergne (au pied de la colline).

L'administration avait ses particularités. Ainsi les FFA avaient une carte d'identité bleue qui était une sorte de titre de séjour, bien différente de la carte délivrée aux émigrants par les pays d'accueil : c'était un document français en terre étrangère. Elle était valable en Allemagne et avec elle, en France, on pouvait très bien se passer de la carte d'identité nationale dans la vie quotidienne. Les voitures avaient aussi une plaque d'immatriculation couleur bleue – rouge pour les voitures officielles –, qui comprenait six chiffres dont les deux premiers, suivis d'un tiret, désignaient la ville (01-, pour Baden). Les services publics, tels que les PTT (la poste) étaient présents. On avait deux adresses. L'une était allemande et correspondait au nom, au numéro de la rue et de l'immeuble. L'adresse française était militaire, c'était le secteur postal (SP) qui débutait par 69 et était suivi de trois chiffres. Il y avait même, jusqu'au début des années soixante, une monnaie spéciale : le franc FFA.

19 - Plaques d'immatriculation des FFA
(www.plaque.free.fr/trans/fd_f.html. Consulté en 2008)

20-21 - Billet de 500 francs FFA en cours, vers 1960
(Archives familiales)

Baden-Baden était la principale « ville » française en Allemagne, mais il y avait beaucoup d'autres « cités », plus ou moins réduites, quartiers de villes telles que Tübingen, Freiburg, Kaiserslautern, Donaueschingen, Trier, Rastatt, etc.

22-Cité française à Kaiserslautern, vers 1960

23-La cité de Trèves en 1966

La vie dans les « cités »

La vie à Baden-Baden, comme chez tous les FFA, était un monde à part, une espèce de bulle dans laquelle on pouvait facilement s'enfermer. Un monde qui n'était pas vraiment français, ni allemand pour autant. Une sorte de *no man's land* entre deux cultures, un territoire qui n'avait pas de frontières, du fait de l'éparpillement des cités françaises. On pourrait parler de ghetto, si ce terme n'avait pris aujourd'hui un tour un peu péjoratif[31]. Pourtant, il s'agissait bien de cela : un monde renfermé sur lui-même. Là, pas de problèmes sociaux, surtout dans les années soixante. L'Europe était en pleine croissance, c'était l'époque des « trente glorieuses » Tout le monde avait un bon niveau économique, supérieur à celui qu'on avait en France, du fait des avantages salariaux que l'expatriation apportait, du logement meublé gratuit, du moins pour les militaires (les civils payaient un loyer modéré) et de l'accès aux produits détaxés. Une partie des traitements et salaires était versée en mark allemand, ce qui limitait les opérations de change individuelles. Le matérialisme était patent. On exhibait aisément la voiture flambant neuve, la chaîne hi-fi dernier modèle, des produits de luxe tels que les briquets Zippo ou Dupont. On se vantait d'avoir pu passer en France des appareils sans payer les taxes. Par contre, pour un certain nombre d'achats, notamment les livres et les vêtements à la mode, en bref, les produits français que l'on ne trouvait pas aux économats, il fallait se rendre en Alsace à la ville la plus proche, principalement Strasbourg, mais aussi Mulhouse ou Colmar.

Notons que, si l'on se fournissait aux économats, on profitait aussi largement de certains avantages qu'offrait le commerce allemand, à commencer par le choix et la détaxe souvent appliquée. L'Allemagne, en bien des points, avait une technologie bien plus avancée que la France. On payait peut-être parfois plus cher, mais pour un produit de meilleure qualité. Beaucoup de gens, dont mon père, préféraient les automobiles allemandes, par goût, mais aussi parce qu'on les obtenait rapidement alors qu'il fallait attendre des mois pour recevoir

[31] Dix à 17% des personnes consultées para S. Guth considéraient les cités comme un ghetto (*Op. cit.*, p.88).

une voiture française. Qui n'a pas eu son appareil électronique (radio, TV, tourne-disque, magnétophone) de marque Grundig ? Personnellement, je me procurais les albums de mes chanteurs américains préférés chez les Allemands, parce qu'ils étaient en son stéréo quand la France ne les pressait encore qu'en mono.

Il n'en existait pas moins des différences sociales. Les classes étaient marquées par la hiérarchie militaire et les fonctions dans l'administration civile. Il y avait les supérieurs et les subalternes et cela se retrouvait dans les relations quotidiennes, hors du lieu de travail. Certaines « cités » étaient plus valorisées que d'autres. On ne choisissait pas son lieu de résidence ; sauf en cas d'absence de logement disponible, la cité Paris était réservée aux officiers supérieurs, les cités Normandie, Bretagne et Thiérache aux officiers subalternes et aux sous-officiers.

Les relations entre enfants d'officiers et ceux d'autres catégories pouvaient être très mal vues, tournaient parfois à la bagarre. J'ai encore en mémoire cette scène où un officier, qui ne supportait pas de nous voir, mes camarades et moi, fréquenter sa fille – nous avions 13-14 ans ! – a battu mes camarades, un jour de colère ; ils étaient fils de civils et j'ai été épargné, car mon père était officier, d'un grade supérieur au sien. Ces débordements étaient vraiment exceptionnels ; la plupart du temps, les problèmes se résolvaient de manière civilisée. Mais on peut facilement imaginer les dimensions que pouvaient prendre les différends entre les familles quand il s'agissait de flirts, voire de relations amoureuses plus poussées. Il n'y avait pas d'interdits, on pouvait fréquentait qui on voulait – et on ne se gênait pas pour le faire –, mais l'ambiance négative liée à la hiérarchie militaire et la distinction entre militaires et civils pouvaient déranger les relations entre jeunes et même les empêcher dans certains cas.

24 - Notre immeuble de la cité Bretagne, 1964,
avec ma mère au balcon de notre appartement. Après 1967, nous avons habité à l'autre bout du même immeuble et au même étage

L'observation du voisinage, le commérage, la médisance, les rumeurs étaient monnaie courante, comme cela se passe dans toute petite ville de province. Beaucoup de gens n'avaient pas d'autres choses à faire. Tout ou presque se savait. Les mentalités étaient très réactionnaires, armée oblige. Pour les enfants des FFA, la vie tournait bien entendu autour de l'école ou du lycée, de la Maison des Jeunes, de la piscine municipale ou encore, pour les plus âgés, des discothèques allemandes et autres lieux de détente.

Le milieu FFA avait aussi son propre langage. La plupart des accents régionaux français étaient réduits, sauf chez ceux qui en avaient un en arrivant et ne restaient pas suffisamment longtemps pour le perdre. On parlait un français standard, neutre. On employait un jargon avec des mots tels que « bloc » pour parler des immeubles. Le terme de « cité » pouvait aussi bien être employé pour désigner l'ensemble du quartier français que l'une des cités qui le composaient. Il y avait aussi des mots et des expressions empruntés à l'allemand ou mélangés à celui-ci. On peut citer le fameux « demerden Sie sich » qui avait donné au « démerdez-vous » français une structure verbale allemande[32]. La plupart des mots allemands correspondaient, logiquement, à des noms de lieux, d'objets ou de pratiques locales. On se retrouvait pour boire une bière « à la Gasthaus du coin » et non au bar ou au café de la place. On allait consommer des *Bratwürste* et non des *hot dogs*, comme on dirait aujourd'hui. On faisait la fête durant le *fasching* (carnaval) qui durait un mois. Il eut été intéressant à l'époque de faire un relevé de ce langage.

Rien n'a changé

La lecture du livre de S. Guth permet une constatation impressionnante : sur bien des points, le milieu FFA n'a pas évolué. Rien ou presque n'a changé. Vingt ans après mon départ, l'auteur fait des observations qui auraient pu être notées à mon époque. On y retrouve les mêmes structures sociales, liées à la hiérarchie militaire et à son environnement, les clivages militaires-civils, le manque de

[32] Je ne suis pas certain que les FFA soient à l'origine de cette expression.

liberté individuelle ou d'expression : il fallait bien présenter, ne pas exposer des opinions autres que celles exprimées par les militaires, ne pas faire preuve d'originalité. Les économats faisaient état de peu de diversité dans l'offre en vêtements. « Là-bas, pour trouver quelque chose d'original, assez à la mode, c'est pas évident ! » témoigne une jeune femme en 1990 et qui rajoute : « J'ai pas envie de porter le même ensemble que tout le monde »[33].

25 - Les économats Normandie, années 60

Apparemment, ni Mai 68, ni les changements de mentalités dans les années 70 et 80 n'avaient modifié quoi que ce soit : on retrouvait en 1990 les mêmes règlements austères que dans les années 60, y compris à la Maison des Jeunes ou au Lycée[34].

La vie associative est peut-être la seule différence. À en croire la sociologue, les associations, surtout sportives, étaient importantes à Baden-Baden, en 1990 : une cinquantaine pour sept mille personnes. De mon temps, il y avait deux clubs de tennis, l'un plus guindé que l'autre, fréquenté par les familles d'officiers ou par les habitants des

[33] GUTH, Sylvie, *Op. cit.*, p. 90.

[34] *Idem*, pp. 95-99.

« cités » chics. L'autre était plus « populaire ». Les femmes d'officiers se retrouvaient parfois pour des parties de bridge. Je ne me souviens pas d'associations particulières, mais il y en avait. La Maison des Jeunes, ou centre socioculturel selon l'expression plus moderne, n'était pas très fréquentée. On n'était pas obligé de s'inscrire, comme cela semble avoir été le cas par la suite, à moins qu'on en profitât gratuitement. On y allait de temps en temps, sans plus, surtout parce que c'était pratiquement le seul lieu où les groupes de rock pouvaient répéter. La pelouse, la rue ou la forêt, espaces de jeux et de liberté, étaient plus attrayantes. Pourquoi aller dans un endroit fermé pratiquer des activités très organisées, sous surveillance militaire ?

Vingt ans plus tard, les jeunes de la seconde génération avaient encore le même comportement[35]. Les loisirs pour les jeunes de Baden, en 1990, n'étaient pas plus nombreux que ceux de mon temps : les « boums », terme préféré à celui de surprises-parties, y étaient encore en vogue et la MDJ était un endroit idéal pour les réaliser. Apparemment les jeunes des années 80 en avaient fait un lieu de rencontre, le plus souvent à la sortie du lycée. Il n'y a jamais eu dans la cité française de troquet où les collégiens et lycéens pouvaient se retrouver après les cours. La *Gasthaus* la plus proche, « Chez Maria » comme on l'appelait, n'a jamais connu cette ambiance typique des cafés français.

Mais les associations étaient toutes plus ou moins contrôlées par l'armée ; les femmes, par exemple, organisaient des promenades en forêt, encadrées par des soldats. Leur développement, au fond, n'a-t-il pas été dû à la constatation d'un certain « relâchement » des populations par rapport à l'ordre militaire ? Une façon de « recentrer » les FFA vers les objectifs stratégiques de défense nationale, un peu mis à mal par la construction européenne ; un moyen pour qu'il y ait plus de cohésion entre les Français et, pourquoi pas, une façon de les empêcher de se rapprocher des Allemands, renforçant ainsi le caractère autarcique de la société ? Grave question qui restera en suspens...

---

35 *Idem*, p. 155.

26 - Maison des jeunes, Cité Normandie (photo prise en 2013)

Autarcie et cocon doré

Les Français habitaient en Allemagne, mais ils n'avaient pas besoin d'elle pour vivre puisqu'ils disposaient pratiquement de tout sur place. D'ailleurs, les excellentes conditions de vie matérielle ont été le grand point commun entre les deux générations. Si la première a vécu dans l'ambiance de l'euphorie économique, la seconde a été préservée des crises qui ont suivi les chocs pétroliers des années soixante-dix, le chômage, l'inflation, etc. Tous ont été des privilégiés, des jeunes qui vivaient dans l'insouciance, presque hors du temps, comme le montre cet extrait du témoignage d'un ancien élève du Lycée Turenne de Fribourg, de 1971 à 1976 :

> « Nous habitions Breisach et nous avons eu une enfance dorée. Des sorties de ski le mercredi où nous pouvions rejoindre les camarades du lycée pour boire un chocolat et manger une Schwarzwaldbecher.... et puis, comme si cela ne suffisait pas, nous

refaisions du ski le samedi après-midi et le dimanche toute la journée[36]. »

Il résultait de ce bien-être que peu de jeunes cherchaient des petits boulots d'été ou du travail plus sérieux. L'offre d'emploi était très réduite dans le milieu français. Chez les Allemands, il y avait l'obstacle de la forte concurrence des jeunes, de la langue et de plus, on ne proposait le plus souvent que des tâches d'ouvrier ou d'employé non spécialisé, peu valorisantes, qui venaient se heurter au statut élevé des FFA. Néanmoins, certains s'en accommodaient et s'en sortaient plutôt bien, pouvant même économiser assez d'argent pour s'offrir une voiture. Peu d'enfants français recevaient une formation professionnelle, ce qui était très mal vu dans la première génération. Parmi les élèves du Lycée Technique, à Baden, certains l'étaient par choix, mais d'autres y entraient par orientation professorale parce qu'ils n'arrivaient pas à suivre le cursus général. Pour cela, ils étaient souvent ignorés ou discriminés par les autres élèves.

Relations internes et loisirs

S. Guth parle à un moment donné d'intégration. Selon elle, 35 % des Français étaient intégrés au milieu FFA. Mais les 65 % restant étaient-ils intégrés quelque part ? En fait, la sociologue se référait essentiellement à des militaires adultes. En était-il de même pour leurs enfants ? Les civils de longue durée, eux, étaient probablement très bien intégrés dans le monde FFA et beaucoup d'enfants n'avaient rien connu d'autre.

Le principal facteur culturel chez les enfants des FFA, à mon avis, était le fait que la plupart ne restaient pas longtemps. En effet, les militaires ou les diplomates changeaient généralement de résidence tous les trois ans, les civils étaient soumis à des règles moins strictes. En conséquence, si l'on ne bougeait pas soi-même, c'étaient les autres qui bougeaient. Il y donc eu, chez les FFA, une rotation permanente qui a rendu impossible la création d'amitiés profondes entre les

---

[36] www.lycee-turenne.fr (Consulté en 2007)

enfants, entre Français en premier lieu. Ce ne sont guère que les enfants des civils, membres de l'administration ou de l'enseignement, qui, restant sur place, ont pu forger des relations plus durables. Certains, nés ou pas sur le sol allemand, ont vécu près de vingt ans dans le milieu français. Les rencontres, les relations de camaraderie, le plus souvent se faisaient en fonction du rythme scolaire. Certains arrivaient en cours d'année, d'autres partaient, mais, la plupart du temps, les départs et les arrivées s'effectuaient pendant les vacances d'été. Dans la mesure du possible, les parents évitaient d'interrompre brusquement le cours des études.

Par ailleurs, S. Guth signale, à très juste titre, le caractère superficiel des relations, pour d'autres raisons. Beaucoup de militaires ont témoigné qu'ils ne fréquentaient pas ou peu les civils et vice versa[37]. De nombreuses rencontres étaient dues aux obligations des uns et des autres. Il y avait un côté officiel, une recherche de relations utiles. Les amitiés se constituaient réellement au sein de groupes plus ou moins fermés. Chez les jeunes de mon temps, il y avait les « bandes », bien souvent différenciées par la cité d'origine, voire par groupe de « blocs ». Cette notion de bande est sans connotation dépréciative : nous n'étions pas des loubards. Appartenir à une bande correspond au besoin naturel qu'ont les jeunes, où qu'ils se trouvent, de se réunir avec ceux qui ont les mêmes affinités qu'eux, créant éventuellement des codes particuliers pour s'identifier par rapport aux autres.

---

[37] Chez les adultes, 32% des militaires n'avaient pas d'amis civils et 59% des civils n'avaient pas d'amis militaires, vers 1990 (GUTH, Sylvie, *Op. cit.*, pp. 83 et 138).

27 - Les copains en 1965

28 - Jeux de neige dans la forêt derrière les cités. Baden, hiver 1965

29 - Les copains et les biclous.
Au fond, l'Hôtel de La Tour d'Auvergne, vers 1965

On s'ennuyait d'ailleurs ferme à Baden. Il n'y avait rien à faire, ce qui peut expliquer cet effet « bandes ». Les visites en ville, la piscine municipale ou les balades à bicyclette – on avait presque tous un « biclou » – étaient le seul moyen d'échapper un peu à l'environnement fermé. On sortait parfois le soir, mais pour cela il fallait attendre un « âge raisonnable », c'est à dire, vers seize ou dix-sept ans. On allait aussi, du moins en ce qui concerne ma bande, les week-ends ou pendant les vacances, camper en forêt dans les environs de Baden, après le village de Gerolsau.

Pour le groupe de rock dans lequel j'étais bassiste, on n'avait pas beaucoup d'endroits pour nous présenter. On faisait les boums et parfois on était invité pour une soirée, à côté d'orchestres professionnels, plus pour témoigner de la bonne ambiance chez les jeunes FFA que par la qualité de notre musique…

30 - La cabane de Gerolsau où nous allions camper, mes amis et moi

À dix-huit ans, les choses changeaient. On passait le permis de conduire allemand, en suivant les cours à l'auto-école Fortenbacher[38], et ceux qui avaient la chance de disposer d'une voiture – on empruntait généralement celle des parents – pouvaient alors se rendre dans d'autres villes pour rencontrer des amis ou sortir dans les discothèques. À Baden, on passait par le très français Foyer du Soldat situé en ville, mais « chez les Allemands » (comme on disait),

[38] Une anecdote à propos de mon permis de conduire. Je l'ai passé en Allemagne puis il a été transformé en permis français qui, lui-même, a été transformé en permis brésilien.

on fréquentait le Willy, le Pit' s Club et surtout le Raphael, la boîte qui se situait dans le bâtiment de la gare ; ces lieux ont dû rester dans toutes les mémoires. À la brasserie Löwenbrau un joueur de cithare interprétait régulièrement *Der dritte Mann* de Anton Karas, thème du film *Le troisième homme* de Carol Reed ; cet air est pour moi le symbole de toutes ces années de jeunesse.

31 - Bal bon chic, bon genre à la Tour d'Auvergne,
avec une copine de lycée, 1971.

32 - Gare de Baden-Baden (photo prise en 2013).
Le Raphael se trouvait tout au bout, à droite.

Pour ma part, j'en profitais aussi pour me rendre à la base militaire canadienne voisine de Söllingen (Rheinmünster). Les membres des FFA y avaient librement accès et j'ai ainsi pu me procurer beaucoup de disques de country music introuvables en Allemagne ou en France[39]. Presque tous les mercredis, j'allais assister aux rencontres de hockey sur glace. J'y savourais à chaque fois d'énormes hamburgers nageant dans le ketchup et une sauce de *pickles* – une rareté pour l'époque – et j'encourageais avec le public l'équipe locale en criant : « *Go Raiders go* ! ». Les Baden-Raiders rencontraient les autres équipes des bases canadiennes en Allemagne, mais aussi d'autres pays. En 1971, ils avaient reçu les Tilburg Trappers, vainqueurs de la coupe de la Ligue internationale et avaient battu 6 à 4 une équipe tchécoslovaque. L'équipe était considérée comme l'une des meilleures du moment et s'était vue décerner le Trophée de la catégorie pour l'armée canadienne ; Ken Addis était son coach manager[40].

[39] Les Canadiens avaient eux aussi libre accès aux économats français.

[40] Revue *Baden-Raiders. Hockey*, n. 7225, s.l.s.d.

33 - Revue canadienne des *Baden Raiders* (Sölingen), 1970
(Archives familiales)

Je profitais aussi de l'époque où l'auto-stop était monnaie courante pour rendre visite à des amis dans d'autres villes comme Tübingen ou Heidelberg. J'allais fréquemment à München dont j'adorais l'ambiance et la Hofbrauhaus. J'y suis d'ailleurs souvent retourné après avoir quitté l'Allemagne, car j'y avais des amis bavarois dont j'avais fait la connaissance au cours de mes voyages.

Parlant de München, je ne peux m'empêcher de dire un mot sur ma visite au camp de Dachau, situé non loin de la ville. Créé en 1933, il était le premier camp de concentration destiné à recevoir les opposants au régime nazi, bien avant la solution finale que l'on connaît. Outre l'émotion que tout visiteur ressent en traversant ces lieux, j'avais été surpris d'apprendre que des membres du Parti social-démocrate, du Parti communiste, des prêtres catholiques et de l'église grecque orthodoxe, des théologiens protestants, des prisonniers de guerre russes et bien d'autres y avaient été internés ; trente-huit nationalités étaient représentées :

> « On enfermait ici, ne l'oublions pas, non seulement les Allemands adversaires du régime d'Hitler, mais aussi les déportés de tous pays occupés par les nazis, pour la seule raison que ces personnes, chacune à sa façon, avaient combattu le nazisme et le militarisme allemand, le détestaient ou étaient détestées par lui, que, patriotes sincères, elles ne voulaient ni livrer leur pays, ni le laisser piller et qu'elles étaient dressées contre l'ennemi. Des milliers de ces résistants durent payer de leur vie leur attitude[41]. »

Dachau, comme d'autres camps, fait aujourd'hui partie de l'histoire et j'aurais tort de l'écarter des souvenirs, d'autant plus que, d'une certaine façon, la présence des FFA en est l'une des conséquences. Cependant, il faut bien discerner les vestiges de l'histoire que représente le lieu et l'utilisation de la mémoire qu'il suscite à des fins autres que la seule évocation de l'histoire. Il faut se méfier des « abus de la mémoire » a dit Tzvetan Todorov et, soixante-dix ou quatre-vingts ans après les faits, il serait bon de penser à ces lignes qu'il a écrites :

> « Le recouvrement du passé est indispensable ; cela ne veut pas dire que le passé doit régir le présent, c'est celui-ci, au contraire, qui fait du passé l'usage qu'il veut. Il y aurait une infinie cruauté à rappeler sans cesse à quelqu'un les événements les plus douloureux de son passé ; le droit à l'oubli existe aussi[42]. »

---

[41] ROST, Nico, *Dachau. Camp de concentration*, 4e Ed., Comité International de Dachau, s.d.

[42] TODOROV, Tzvetan, *Les abus de la mémoire*, Paris, Arléa, 2004, p. 24.

La quille, bordel ! : les appelés du contingent

Paradoxalement, les moins touchés par le milieu FFA étaient les appelés du contingent. Ils constituaient la plus grande partie de la population, numériquement parlant, mais formaient un corps à part, pratiquement isolé du reste du monde. Ils n'avaient d'ailleurs pas droit à la carte d'identité des FFA, seulement celle du service national, et ne disposaient donc pas des mêmes avantages que les autres membres des Forces. C'était, en quelque sorte, des sous-membres des FFA. Culturellement parlant, et du fait de la courte durée du « séjour » – plus ou moins un an –, ils ne subissaient aucune influence du milieu FFA. Ils ne lui appartenaient pas.

Venus de tous les coins de France, ils étaient bien souvent d'origine modeste, d'autres ayant réussi à se faire affecter dans le territoire national, voire dans les garnisons proches de leur lieu d'habitation ; sauf Johnny Hallyday qui, par souci d'exemple, a fait son service à Offenburg. Ceux qui avaient la « malchance » de partir en Allemagne arrivaient avec l'idée encore très ancrée, à mon époque, que c'était « le pays des Boches ». Et cherchait-on à les en dissuader vraiment ?

Pour beaucoup, c'était la première fois qu'ils quittaient le giron familial. On y trouvait de nombreux analphabètes[43]. Ceux qui avaient le bac ou un diplôme universitaire étaient souvent employés dans des services intéressants. La connaissance de la langue allemande était exceptionnelle et, celui qui pouvait en faire état, était automatiquement affecté à un poste stratégique. J'ai encore en mémoire ce professeur de philosophie, sans aucune aptitude physique, qui avait été affecté à un régiment d'infanterie de la région de Koblenz et qui, durant ses classes, pour son plus grand malheur,

43 Cela semble choquant, mais c'est vrai, même s'ils ne l'étaient pas totalement : l'analphabétisme fonctionnel correspond à celui qui sait lire et écrire mais a des difficultés à comprendre une phrase simple. Je ne sais pas si cela était dû au hasard, si c'était un choix délibéré de la part de l'armée ou si ce n'était pas tout bonnement l'état dans lequel se trouvait une grande partie de la population française de l'époque.

était obligé de courir en hurlant : « Qu'un seul but : butagaz ! ». Heureusement pour lui, ses classes finies, il a été envoyé comme professeur à l'École Militaire de Cöetquidan ; l'armée savait quand même corriger ses erreurs.

L'Allemagne, c'était l'étranger et, même s'il s'agissait d'un pays frontalier, les recrues avaient l'impression de se rendre au bout du monde. Ils se retrouvaient parqués dans les casernes, ghetto du ghetto FFA. C'était la vie entre soldats, dans un vase clos. Les week-ends se passaient le plus souvent au foyer dans des beuveries et des fumeries interminables. Pour la plupart, c'était le seul moyen de lutter contre le mal du pays, de la famille, des amis, de la fiancée et contre une forme de désespoir. La fatigue, pour ne pas dire l'abrutissement, liée aux exercices et à la discipline, les deux ou trois premiers mois de service, n'arrangeait pas les choses. Ils ne pensaient qu'à la permission pour retourner en France.

Stany Pulrulczyk a fait son service militaire – 16 mois à l'époque – au 2e GCP, à Saarburg en 1966/67 et, en 2008, il témoigne[44]. Il narre avec forces détails sa vie quotidienne de soldat qu'il est impossible de transcrire ici et qui n'est sans doute pas propre aux FFA. Par contre, un extrait est intéressant, celui qui concerne sa première sortie.

C'est tout d'abord un sentiment de joie et de libération qui les anime, lui et ses amis. Ils doivent être dans une tenue impeccable. Les cheveux doivent être courts et le sergent de garde les oblige parfois à repasser chez le coiffeur avant de les laisser sortir. Confinés dans leur caserne, les soldats redécouvrent la vie : les rues, les maisons, les tas de fumier « symbole d'opulence du fermier ». Stany fait des achats à la Maison de France, « sorte de boutique où l'on trouve, chemises, bracelets, cadeaux-souvenirs... etc. ». Puis vient le contact avec les gens et la langue allemande :

> « La curiosité nous pousse vers les premiers gasthaus où la langue germanique vient brusquer nos oreilles. La première bière que l'on découvre, brune, sucrée qui nous envahit et nous rend euphorique.

---

44 PULRULCZYK, Stany, « Mon service militaire", 27 Novembre 2008. www.pulrulczyk.info/topic/index.html (Consulté en 2009).

> Les premières filles que l'on zieute avec envie (par la suite, on deviendra plus sélectifs)[45]. »

Même à l'extérieur, ils ne sont pas vraiment libres. Ils sont en tenue, surveillés, contrôlés par des policiers militaires qui font des excès de zèle :

> « Nous croisions régulièrement en ville, une jeep affublée d'un « PM » sur le capot. Casques, guêtres et ceinturons blancs sur une tenue kaki, trois ou quatre individus « nourris au lait de vache » étaient chargés de surveiller le comportement en ville, des recrues que nous étions. Gare à celui qui ne les saluait pas à chacun de leur passage [...]. Le salut devait se faire à leur vue et à leur bonne disposition, car ils avaient tendance à fuser de leur véhicule sous tous prétextes, démontrant ainsi leur importance vis-à-vis de nous, mais aussi de la population[46]. »

S'ils n'obéissaient pas aux ordres ou ne saluaient pas bien, ils étaient aussitôt soumis à « une inspection en règle des papiers et de la tenue et risquaient le désagrément de finir la journée au poste[47]. »

Dans ce témoignage on constate, en premier lieu, l'exceptionnelle rigueur de présentation et de comportement qui était imposée aux soldats français lorsqu'ils étaient en contact avec la population allemande. Les appelés qui faisaient leur service en France n'étaient pas soumis aux mêmes règles. On note que l'autorisation de sortir en tenue civile est arrivée assez tardivement, fin 1966, ce qui, du moins pour les appelés du contingent d'avant, présentait une difficulté supplémentaire à surmonter. Il est clair que sortir dans le milieu allemand présentait bien des déplaisirs, en plus du fait de l'obstacle de la langue qui, ici, « brusque les oreilles » des soldats. Les appelés avaient donc tendance à rester entre eux et, le plus souvent, dans la caserne. Après 1966, même en civil, continua la tendance à sortir en groupe dans le milieu allemand, surtout au début de leur service, et il leur fallait un difficile temps d'adaptation pour qu'ils puissent aller se détendre dans la rue, fréquenter les cafés et aller danser comme

---

[45] *Idem.*

[46] *Idem.*

[47] *Idem.*

n'importe quel autre jeune. Finalement, seule, la permission en France leur permettait de s'échapper de l'ambiance et de respirer un peu dans un environnement familier.

On comptait ainsi les jours, dès l'arrivée. Quand l'heure de la délivrance était proche, les soldats, plus qu'éméchés, sortaient en groupe dans les rues, criant à tue-tête « La quille, bordel ! », donnant une image des FFA contradictoire avec celle qui était imposée aux militaires et aux civils qui vivaient hors des casernes. Toutes les villes françaises de garnison ont connu ça, mais en Allemagne, cela prenait un tour un peu particulier : plus que la fin de l'armée, c'était celle de l'exil.

Je ne crois pas que beaucoup d'appelés se soient réellement sentis bien en Allemagne, y aient trouvé un quelconque intérêt ou plaisir. Le service militaire n'avait rien de drôle en soi, alors en Allemagne... Les sorties dans le milieu allemand donnaient lieu, le plus souvent, à des plaisanteries de mauvais goût sur les mœurs ou sur les personnes. On ne cherchait pas à faire du tourisme, à profiter de la chance d'être ailleurs que chez soi pour découvrir du pays. Les soldats n'étaient pas des membres du Club Méditerranée ! Ils se trouvaient là parce qu'on les y avait obligés, ils n'avaient qu'une idée en tête : foutre le camp !

Pour ma part, j'ai connu une autre expérience du service militaire. Arrivé à la caserne de Friedrichshafen, je me suis retrouvé au milieu de Ch' tis et de Provençaux. Ces gens, venus des campagnes du nord et du sud-est de la France, parlaient avec un très fort accent, voire en dialecte et moi, qui parlait le français standard, je comprenais à peine les uns et les autres, pas même ceux qui venaient de Marseille, ma ville natale ! Par les hasards de l'histoire coloniale, il y avait même dans ma classe un jeune indien de nationalité française, venu de Pondichéry. On l'avait rapatrié depuis peu en France et les autorités, ne sachant pas quoi en faire, l'avaient envoyé à l'armée. Le pauvre parlait tout juste le français et ne comprenait même pas ce qu'il faisait là ! Cela n'avait aucun sens et, logiquement, il a aussitôt été réformé.

Si les appelés de mon régiment étaient à l'étranger, j'étais chez moi en Allemagne et cela faisait une grande différence. Je n'avais rien à voir avec eux dans le sens où notre histoire, notre vécu n'était pas le même. Un petit exemple sur les habitudes de consommation éclairera peut-être cette idée. On recevait tous les mois des paquets de cigarettes, des Gauloises de tabac brun. Je ne les fumais pas, pas plus d'ailleurs que le tabac pour pipe français, tabac brun, trop fort et sans essences aromatiques. À cause du monopole de la SEITA, les Français ignoraient encore les tabacs blonds qui étaient courants chez les Allemands. Je vendais donc mes Gauloises à mes camarades et m'achetais mon tabac blond pour pipe, parfois des cigarettes, et mes cigares chez les Allemands, produits auxquels j'étais habitué.

J'avais été chargé de la bibliothèque (militaire) et passais le plus clair de mon temps, seul dans le bureau, à ranger des manuels techniques, en écoutant les radios allemandes ou autrichiennes ; je ne sortais guère que pour distribuer les dernières publications arrivées. Cela contribua sans doute à maintenir la distance avec les soldats de mon entourage. J'ai mis six mois avant de créer une amitié que, d'ailleurs, je conserve encore aujourd'hui.

Autre différence visible du niveau de vie FFA par rapport à celui de mes camarades : j'avais la chance de posséder une voiture. C'était une vieille Renault 4 L que mes parents avaient eue à un bon prix pour me faciliter les trajets entre Baden et Friedrichshafen ; en effet, ils étaient très longs en train puisqu'il fallait en changer une ou deux fois. La voiture était pour moi un incroyable moyen d'évasion. J'ai de nombreuses anecdotes amusantes à raconter à ce sujet. En voici quelques-unes.

34 - Le temps du service militaire, avec ma vieille 4L, en 1972

J'avais dû aller à Tübingen pour la faire immatriculer et j'y avais passé deux ou trois jours[48]. La réputation de son université n'était plus à faire et il y avait beaucoup de jeunes dans la ville. Ignorant les « cités » françaises et, loin de la caserne, je me suis délecté de ces moments allemands que les circonstances m'offraient. La vie nocturne était animée, il existait des bars et des boîtes étudiantes à foison et pour tous les goûts. C'est ainsi que j'ai rencontré Derroll Adams, un joueur de banjo américain, ami du célèbre *folksinger* Pete Seeger, et nous avons passé une partie de la soirée à discuter. Deux ans plus tard, nous nous sommes croisés à Paris et j'ai été fort surpris de voir qu'il se souvenait de moi.

---

[48] L'administration française était divisée en districts, Friedrichshafen dépendait de Tübingen.

35 - Rencontre avec Derroll Adams à Tübingen, 1972
(Archives familiales)

À Friedrichshafen, je passais mes week-ends et tous mes moments de liberté dans le milieu allemand et autrichien, au bord du lac de Constance (Bodensee), en Bavière, à Wien (Vienne) et surtout, dans le Voralberg et le Tyrol. J'y faisais souvent des balades en montagne avec le *Rucksack* (sac à dos), sans comparaison avec les marches imposées par l'armée ; j'ai même passé une nuit d'hiver dans la neige par moins 20º, réchauffé par un feu de bois qu'il fallait alimenter toutes les heures avec, pour renfort, une bouteille de *schnaps* (eau de vie). Je n'ai pas non plus oublié cette *Oktoberfest* de München où, très imbibé de bière, j'ai attrapé en courant le dernier train qui me ramenait à la caserne.

J'étais le plus souvent seul, car mes camarades ne semblaient pas vouloir sortir de la caserne et, surtout, ils préféraient garder leurs sous pour les permissions en France. J'ai quand même réussi plusieurs fois à en emmener quelques-uns avec moi dans ces balades qui pouvaient consister à faire du ski sur les pistes alpines les plus proches ou aller faire la fête ailleurs, poussant parfois jusqu'à la capitale autrichienne.

36 - Ski dans le Bregenzerwald, en Autriche, avec mes camarades d'armée, Fiore et Guyot, en 1973.

De Baden, je rentrais à la caserne souvent le dimanche soir, voyageant de nuit. Je connaissais bien la route qui traversait la Forêt Noire, mais en hiver la chaussée était très enneigée et je devais redoubler de prudence. Le chauffage fonctionnait mal et le froid était parfois trop intense, la température pouvant descendre à moins dix degrés ou plus. Je mettais alors une couverture sur mes jambes, comme dans les premiers temps de l'automobile. Une nuit, j'étais en pleine tempête de neige du côté de Donaueschingen et dans la bourrasque, j'ai vu apparaître une jeune fille qui faisait du stop. Elle s'était retrouvée là, coincée, laissée par le précédent automobiliste. Je l'ai fait monter et nous avons partagé la couverture. Elle s'appelait Mélanie et était très sympa. Je n'ai pas eu le courage de la laisser au bord de la route, il était deux ou trois heures du matin, il faisait un froid de canard et j'ai fait un détour pour l'amener chez elle, dans un petit village en direction de Konstanz. J'ai ainsi fait dans mes pérégrinations germano-autrichiennes de nombreuses rencontres de ce genre qui ont finalement rendu agréable la période de mon service militaire. Et c'est sans doute pour cette raison que les souvenirs de ma vie dans la caserne, si peu intéressante en comparaison, se sont estompés.

La guerre et Mai 68

Il est intéressant de constater l'importance que la guerre, en tant que phénomène, a pu avoir chez les enfants des FFA. Elle était présente dans l'inconscient collectif, par l'environnement militaire, par la présence en Allemagne qui avait en toile de fond celle de 39-45. Présente aussi dans les esprits du fait de la position de l'Allemagne dans la guerre froide, symbolisée par le rideau de fer, tout proche. Selon les experts, c'est en Allemagne qu'existaient les plus grands risques de voir éclater une nouvelle guerre mondiale ou nucléaire :

> « Les tensions ont été au plus haut en 1948 lors du blocus de Berlin où l'URSS et la République démocratique allemande ont fermé toutes les routes aux approvisionnements pour Berlin-Ouest. Un "pont aérien" allié a soutenu la population et a évité une nouvelle guerre. La construction du mur de Berlin en 1961 a débuté peu de temps après le débarquement de la baie des Cochons et précéda la crise des missiles de Cuba[49]. »

L'idée d'un conflit possible était donc permanente. Nous étions au cœur géographique de la guerre froide. Les guerres circonstancielles, plus ou moins éloignées, prenaient alors un caractère particulier.

Ceux qui étaient en Allemagne à l'époque ont très fortement ressenti la crise de Cuba. Il en fut de même pour l'assassinat du président Kennedy en novembre 1963 qui représentait, aux yeux du monde, un facteur de paix. Je me souviens aussi que de nombreux enfants prirent peur le jour où la guerre des Six Jours au Moyen Orient a éclaté en 1967. Mes amis et moi étions aussi très impressionnés quand notre voisin militaire américain est parti à la guerre du Viêt Nam dont nous voyions les horreurs à la télévision : c'était un peu comme si, brusquement, cette guerre faisait partie de notre environnement direct, comme si elle entrait en nous-mêmes ; la

---

[49] fr.wikipedia.org/wiki/Histoire_militaire_de_l'Allemagne.

nouvelle de son retour, trois ans plus tard, a été apprise avec soulagement.

Tout n'était pas pour autant dramatique. Comme pour tous les Français de l'étranger, les événements de mai 68 nous ont paru très distants. Nous n'en vivions le quotidien qu'à travers la télé ou la radio. Pour nous, pas de problèmes de grèves, d'approvisionnement, de manifestations, sinon quelques vagues qui venaient mourir sur les « pavés » de notre Forêt Noire. Nous en parlions, des années plus tard, avec quelques anciens collègues du lycée de Baden, retrouvés par hasard, et qui avaient, comme moi, environ seize ans en ces moments-là. « Pour moi, mai 68, ça m'est passé par-dessus la tête » a dit Christine, résumant ainsi le sentiment de tout le monde. Oui, mais pas tout à fait. Il y avait eu la visite de de Gaulle au Général Massu, le général en chef des FFA, le 29 mai. Dès le matin, nous avions bien senti que quelque chose d'anormal se passait. Le mouvement des voitures militaires n'était pas habituel, les officiers étaient en ébullition. La route qui menait à la résidence de Massu avait été interdite. Puis nous avons vite compris au moment où nous avons appris que le président avait « disparu » et qu'on ignorait où il se trouvait. Nous, nous savions qu'il était là, tout près de nous, et qu'un tournant de l'histoire de France était peut-être en train de se jouer. Mais nous les jeunes, nous nous en moquions. Ça nous amusait tout juste de savoir de Gaulle chez nous.

Une semaine à Baden-Baden

Les FFA disposaient d'une revue hebdomadaire, *La Semaine à Baden-Baden*, qui communiquait diverses informations pratiques, rendait compte des activités, donnait des programmes de spectacles ou de manifestations culturelles. Elle circulait gratuitement.
J'ai miraculeusement retrouvé dans mes vieux cartons un exemplaire de cette revue qui apporte un éclairage particulier sur la vie chez les FFA. Il s'agit du numéro 21, daté du 23 au 29 mai 1970. Cela ferait remonter le nº 1 à décembre 1969, mais le numéro correspondrait à un changement de formule de la revue cette année-là. En effet, il est indiqué qu'elle en est dans sa 14e année et, par recoupement avec le

nº 43 correspondant à la semaine du 17 au 23 décembre 1960[50], la création de la revue daterait de juin 1957. Indépendamment des modifications éditoriales, et en supposant qu'elle existait encore au moment du départ des troupes (milieu des années 1990), elle aurait compté environ deux mille numéros. Si, par hasard, toute la collection avait été conservée par quelque organisme, ne serait-elle pas un des plus importants documents sur près de 40 ans de la vie quotidienne des FFA à Baden-Baden ? Nous allons voir ce qu'il en est.

37 - *La Semaine à Baden-Baden*, 1970 (Achives familiales)

On ignore de qui elle émane, si elle est d'origine militaire ou civile. En 1970, hormis le nom de son directeur, R. Thiebault, on trouve quelques informations sur l'adresse (secteur postal) et le numéro de téléphone de la rédaction, pour la publicité et la diffusion. Il

[50] Selon une photo de la couverture trouvée sur un site internet dont je n'ai pas retrouvé l'adresse.

semblerait qu'à ses débuts la revue consistait en quelques pages et que son volume ait augmenté avec le temps : le nº 21 en comprenait 64. Bien que destinée aux Français de Baden-Baden, elle s'adressait aussi parfois à ceux de proches garnisons : Rastatt, Bühl, Achern.

Le contenu du numéro est instructif sur divers aspects ; j'en fais ici une description thématique, la pagination n'ayant pas d'ordre précis, sinon pour quelques rubriques ; les informations fournies dépassaient la semaine proprement dite.

Outre les numéros de téléphone de divers services d'urgence ou autres, la revue donnait des informations pratiques : calendrier scolaire (rentrée, date des vacances), horaire des cultes ou d'ouverture de la pharmacie. Les économats indiquaient la fermeture de tous les magasins de presse pour inventaire le 1er juin et les lieux où l'on pouvait se procurer les quotidiens ce jour-là. Il existait des tournées et des déplacements. Le rayon disque du magasin presse irait à Pforzheim le mardi 26, le camion Bonneterie passerait le même jour à Baden, l'esthéticienne de la maison Lancôme faisait une tournée dans les garnisons durant la semaine. Les économats Normandie organisaient, à partir du 19, une grande vente d'articles et de jouets d'été, d'articles scolaires et de maroquinerie.

Dans les dernières pages, on pouvait s'amuser à remplir une grille de mots croisés et lire les petites annonces dans lesquelles, la plupart du temps, des gens sur le départ vendaient des affaires. Mais on y trouvait aussi des voitures d'occasion (cause double emploi), du matériel de camping, ainsi que quelques annonces diverses (chien perdu, demande de femme de ménage, recherche d'amitié pour voyage). Au carnet mondain, on comptait cinq naissances et un mariage.

Les militaires changeant d'affectation tous les trois ans environ, on trouvait quelques annonces à ce sujet. La Fédération des Anciens des Forces Françaises en Allemagne, dont le siège social se trouvait au 39 de la rue Caumartin, à Paris, attendait l'adhésion de ceux qui souhaitaient en devenir membres. L'Anfoc (Association Nationale des femmes, veuves, mères et filles d'officier de carrière, en activité et en retraite, des Armées de Terre, de Mer et de l'Air) informait de son existence et invitait les « femmes d'officiers qui rentrent en France » à y adhérer. Elle avait pour but de créer des liens entre les femmes, de favoriser des rencontres, mais aussi d'aider moralement et financièrement celles qui se trouvaient en situation difficile.

Quelques nouvelles étaient en rapport avec les relations franco-allemandes. Ainsi la Croix-Rouge allemande de Karlsruhe venait de récompenser deux soldats français ayant reçu le diplôme de secouriste. C'était, disait-on, le résultat d'une expérience de collaboration entre la Croix-Rouge locale et les troupes françaises, visant à agir rapidement sur les lieux lors d'accidents de la route.

La Direction du Service Social des FFA annonçait l'organisation d'un camp de voile avec le *Bundeswehr-sozialwerk* (service social de l'armée allemande) à Plon, dans le Schleswig-Holstein. Il devait avoir lieu entre le 10 et le 31 juillet et il était prévu d'accueillir 25 garçons français de 16 et 17 ans. Les activités comprenaient un programme sportif (navigation, secourisme), culturel (visites, cours de langue française et allemande). L'annonce soulignait que le camp favoriserait les rencontres et l'échange d'idées entre jeunes Français et Allemands ; pour être admis, les Français devaient avoir un minimum de connaissances de la langue allemande.

La programmation de la semaine offrait de nombreuses activités, surtout les week-ends.

Le Comité des Fêtes de la Garnison de Baden-Baden organisait le 23 mai 1970 « Le grand bal de Printemps », dans les salons du Cercle de La Tour d'Auvergne. Placée sous la présidence du Général CCFFA du Temple de Rougemont et de son épouse, cette « soirée de gala » devait permettre « aux membres du Cercle et à leurs invités de participer à l'une des dernières réceptions officielles avant le départ prochain du Commandant en Chef ». Mme du Temple de Rougemont annonçait par ailleurs qu'elle recevrait le 26, à partir de 15 heures, « toutes celles qui voudraient bien lui faire le plaisir d'une visite ».

Le samedi 30 et le dimanche 31 mai, avait lieu la « Grande Fête Paroissiale » organisée par l'aumônerie catholique de Baden-Baden, sur le terre-plein de l'église Notre Dame de la paix. On invitait les dames à se procurer des services de table – des nappages au mètre – avant la kermesse pour faciliter les ventes. On profitait de l'occasion pour vendre aussi des pizzas, des quiches et des gâteaux à l'occasion de la fête des Mères. Toutes ces ventes, dont des femmes avaient la responsabilité, étaient au profit de la kermesse. Un communiqué informait par ailleurs, qu'une vente de charité aurait lieu à Strasbourg-Neudorf le samedi 10, au profit d'une association locale en faveur des enfants handicapés moteurs, sans rapport avec la kermesse de Baden.

38 - La place des trois cultes et la kermesse en 1964.

Le 31 mai était aussi le jour du « grand concours de pétanque » sur le terrain du club de pétanque de Baden (cité Bretagne), sous le patronage de Pernod-Ricard. Il était ouvert à tous, licenciés du club FFA et de la Ligue de l'Est ou non. On offrait deux prix de 400 et 600 francs, des coupes et des dotations de la célèbre marque de pastis marseillais. On trouvait sur place bar, kémias, brochettes, merguez et tombola. Le club de tennis de la garnison faisait partie de la Ligue d'Alsace et, entre le 10 et le 24 mai, s'étaient déroulées des rencontres par équipe pour le championnat régional ; on annonçait que le tournoi intérieur du club aurait lieu à l'occasion des fêtes de Pentecôte.

Il y avait, à la Maison des Jeunes, une Annexe des Cadets destinée aux enfants (probablement moins de 12 ans). Elle comprenait des salles de jeux ; on y donnait des cours de danse, on organisait des rencontres de football et des sorties à la piscine. Le 23 mai avait lieu l'exposition des objets confectionnés par les enfants et il était prévu pour le 28 une visite au Musée de l'Armée allemande de Rastatt, par petits groupes.

Quelques pages étaient consacrées aux loisirs. La rubrique « Que voir, que faire, qu'entendre cette semaine » donnait une sélection de tous les programmes ci-dessous indiqués.

Les films tournaient dans les cinémas de Baden et des garnisons voisines ; ils n'y restaient qu'un jour. Au cours de la semaine, on projetait au Desaix de Baden-Oos : *La femme écarlate, La valse des truands, L'Ouest en feu, Au service de Sa Majesté, La fiancée du pirate.* D'autres films y étaient déjà passés : *Patton, Hoa Binh, L'homme de la Sierra, Traquenard, Salut les cousins !, Fleur de cactus, La Horde sauvage, L'invitée* ; y compris deux films pour la jeunesse : *Le triomphe de Robin des bois* et *Le fils du capitaine Blood.*

Dans « Strasbourg-Flashes », on avait les programmes de l'opéra, du théâtre, des concerts et des expositions de la semaine, ainsi que de quelques visites ou promenades organisées. Au *Kurhaus* de Baden-Baden, avaient lieu des concerts, la présentation de pièces de théâtre et d'opérettes, des soirées et des thés dansants. Dans la région, le théâtre de Karslruhe proposait diverses pièces, Augsbourgs présentait la 19e fête consacrée à Mozart et la « galerie du baroque allemand » venait d'être inaugurée au Palais Shaezler avec une importante collection de tableaux de maîtres.

Il y avait aussi des rubriques « culturelles ». Ainsi sous le titre de « Information Larousse », on apprenait que la maison venait d'éditer un dictionnaire de Victor Hugo. Ailleurs on parlait des disques sous la rubrique « Vient de sortir ». En tête se plaçait « Pierre Laval », le dernier titre de la collection « Hommes et faits du XXe siècle ». Suivaient Luis Mariano avec un 33 t. des chansons de l'opérette « Caravelle d'Or » et le premier volume de l'intégrale des *Lieder* de Schubert par Dieter Fischer-Diskau, récemment primé par l'Académie Charles Cros. Enfin la collection livre-disque pour enfants – sages, était-il précisé – offrait « Tom Sawyer », qui faisait suite aux titres « Napoléon Bonaparte » et « Pasteur ».

Il convient de noter que les informations pratiques locales ou culturelles n'occupaient que peu de pages : à peine 22. Les autres pages, soit le double, étaient réservées à la publicité des commerces allemands de la région (Baden, Rastatt) et de France (Alsace, Lorraine).

Sans chercher à faire des statistiques, il est intéressant d'examiner les 42 réclames qu'on y lit. On y constate peu de variété. L'automobile (marques/modèles, concessionnaires et accessoires), avec 15 annonces, occupait la première place et précédait, successivement, les vêtements, les services (assurances, crédit bancaire, blanchisserie, coiffeur), divers produits de consommation (cigarettes, alcools), l'ameublement, l'électroménager et la photo-vidéo. Six sur dix des annonces venaient d'établissements français, la majorité d'Alsace ; ils offraient aux FFA des ristournes de 20 à 30 %, des prix hors-taxes. Certains, comme les Fourrures Laborde & Cie, de Paris, faisaient même des tournées dans les cités françaises d'Allemagne, offrant des réductions de 40 %.

Parmi les commerces allemands, on remarque surtout les magasins H.E. et Mireille Mayer (radio, télé, électroménager) qui s'étaient installés « au cœur des cités » – cas unique pour les commerces allemands – et l'auto-école Fortenbacher (stages théoriques en français) de Baden-Baden, « 20 ans au service des Français ». La blanchisserie Waschsalon et le magasin de chaussures « Schuhhof-Discount », tous deux de Rastatt, avaient mis une petite publicité.

Cette exposition minutieuse de la *Semaine à Baden-Baden* nous laisse perplexe. Il ne s'agit bien sûr que d'un seul numéro, mais, à n'en pas douter, il est semblable aux autres quant au fond, ne se différenciant d'eux que par les informations hebdomadaires. En cela, l'analyse que l'on peut en faire produit un important reflet de la culture FFA.

Tout d'abord, on se demande à qui s'adresse cette revue. On pourrait s'attendre à ce qu'elle s'adressât à toute la communauté FFA de Baden-Baden et ses environs, mais c'est loin d'être le cas. Bien sûr, elle fournit des informations pratiques d'intérêt général, mais « l'ouverture » s'arrête là. On se rend très vite compte que le public visé est exclusivement celui des militaires et de leurs familles. Le carnet mondain ne fait référence qu'à des naissances et des mariages de militaires, sauf peut-être dans le seul cas où le grade n'est pas mentionné. Les enfants et les jeunes sont très encadrés, dans une ambiance très militaire. On remarque que la sortie proposée aux enfants est pour visiter le Musée de l'Armée allemande et que le camp de voile pour les adolescents est effectué avec des jeunes de familles de militaires allemands. Le nom « annexe des cadets » n'est pas dénué d'ambiguïté entre la désignation des plus petits à laquelle on peut attribuer la connotation des enfants qui apprennent le métier des armes.

Mais, la revue s'adresse-t-elle vraiment à tous les militaires ? On est en droit de se le demander. En effet, c'est à la page 1 que l'on annonce le bal du printemps au cercle des officiers en présence du Général CCFFA, dont le départ est proche, et la réception donnée par son épouse aux femmes que l'on suppose d'officiers, même si dans le libellé, cela n'est pas mentionné. En page 3, c'est l'Anfoc qui s'adresse aux femmes d'officiers qui rentrent en France. Les officiers et leurs familles semblent être le public visé.

Les informations culturelles sont très ciblées. Elles ne concernent que les concerts, les opérettes, les pièces de théâtre, les expositions, à Strasbourg et dans les villes allemandes de Baden-Baden et des environs. Il s'agit d'une culture profondément élitiste. Faut-il vraiment croire que tous les officiers et leurs familles faisaient partie de cette élite ? S'ils étaient au haut de la hiérarchie militaire, rien de dit qu'ils n'aient pas eu des goûts autres que ceux indiqués. Il est certain qu'une partie des officiers descendaient d'une certaine noblesse et on peut croire que ceux-là étaient friands de cette culture. Les noms à particule étaient fréquents – celui du général CCFFA en place en est un exemple –, mais ils ne représentaient qu'une petite minorité. Il y avait aussi des baroudeurs, ceux qui avaient fait les guerres d'Indochine et d'Algérie ; le Général Massu, qui avait précédé du Temple de Rougemont, n'en était-il pas aussi un exemple ? Par ailleurs, il fallait vraiment aimer cette culture pour prendre sa voiture et faire des kilomètres, parfois la nuit et, en hiver, dans les routes enneigées, pour assister à un spectacle. Et s'il n'était nullement utile de parler allemand pour un concert, ce n'était pas le cas pour le théâtre ; or, on sait que peu de militaires français parlaient la langue, pour la simple raison qu'ils ne restaient pas suffisamment sur place pour l'apprendre et surtout pas au point de suivre des pièces de théâtre.

Alors que penser de ces informations culturelles ? Était-ce l'effet de la conception de la culture à l'époque ou bien une volonté de donner une image très comme il faut – aujourd'hui on dirait politiquement correcte – de la population FFA ? Et aussi de faire croire que les Français des troupes et des éléments civils en Allemagne s'intéressaient à la culture allemande ?

C'est un peu l'idée qui ressort de la rubrique des disques récemment sortis avec la recommandation d'un disque de Luis Mariano – qui, en 1970, même s'il plaît à beaucoup de gens, n'est plus au premier plan du courant musical – et l'incursion des *Lieder* de Schubert. Cependant, comment faut-il interpréter la présence, en tête de liste, du disque sur la vie de Pierre Laval ? C'est un document d'histoire, certes, mais dans le contexte militaire et franco-allemand ne prend-t-il pas une tournure un peu étrange ? Quel sens donner à cette référence à la Seconde Guerre mondiale et à la collaboration ?

Quant aux films, dont la projection était destinée aux soldats du contingent, plus qu'aux familles de militaires et aux civils, la plupart étaient sortis en 1969 ou au premier trimestre 1970. Même s'ils se mélangent aux westerns, aux films policiers ou aux comédies dramatiques, on remarque un grand nombre de films qui se passent dans une ambiance militaire. Le film sur la personnalité du Général Patton, sorti en 1963, a pour cadre la Seconde Guerre mondiale. L'action de *Hoa-Binh* (1970) se déroule au Viêt Nam durant la guerre. L'un des protagonistes de *Traquenard* (1958, sorti en France en 1960) est un héros de guerre. *Salut les Cousins !* (1963), avec Elvis Presley, a pour cadre une base de missiles américaine. À part *Hoa Binh,* tous ces films sont anciens et leur programmation est-elle si anodine que cela ?

Quelles que soient les réponses à ces interrogations – qu'on ne peut apporter ici – il paraît évident que cette vision de la culture ne correspondait pas aux aspirations de la très grande majorité des FFA.

On note en particulier l'absence totale de lieux de loisir et de culture au sein des cités, notamment pour les jeunes. La kermesse annuelle est un moment important du calendrier social, tout le monde y va pour s'amuser ou se détendre, mais elle ne dure que le temps d'un week-end. La pétanque est une activité d'adultes et, en 1970, le tennis est encore un sport considéré comme celui d'une élite. Aucune référence ou information concernant la musique qu'écoutaient les jeunes, les yéyés français, les Beatles et les Rolling Stones, y avait-il honte à en parler ? Et puis, franchement, les enfants ou les adolescents étaient-ils intéressés par le Musée de l'Armée allemande ou par la rencontre avec des fils de militaires allemands ? On en doute ; c'était leur père qui était militaire, eux ne l'étaient pas et, bien évidemment, on ne parle pas ici des fils de civils.

Enfin, on constate que les informations pratiques, sociales et culturelles, finalement, ne représentent qu'un tiers des pages de la revue. Bien sûr, on est encore dans les « trente glorieuses », années fastes du capitalisme, et la consommation va bon train. La voiture occupe une place importante, elle est presque encore un symbole de richesse[51]. Les appareils électrodomestiques font de plus en plus partie de la vie courante, mais, pour beaucoup de gens, restent des produits chers ; le manteau de fourrure, par contre, est un produit de luxe. Mais quoi qu'il en soit, on constate que les réclames s'adressent exclusivement aux adultes. Par ailleurs, le train de vie de FFA est supérieur à celui de la majorité de la population qui vit en France, d'autant plus qu'ils achètent des produits non taxés. Les FFA constituent ainsi une clientèle particulièrement recherchée, comme l'indiquent les bonnes ristournes qui leur sont offertes. Cependant, la grande quantité de publicités incite à penser que la revue était financée par elles – elle était hebdomadaire et gratuite – ce qui peut paraître étrange pour une publication destinée à l'armée et autres civils en mission dans les FFA, c'est-à-dire à des fonctionnaires de l'État français.

Finalement, que ressort-il de *La semaine à Baden-Baden* ?

C'est un outil de communication, mais on se demande sur quoi repose cette communication. Bien sûr, la présence de l'armée y est très forte, ce qui est naturel puisque nous sommes, en premier lieu,

---

[51] Sauf erreur de ma part, on déclarait la possession d'une voiture dans la déclaration d'impôts sur le revenu.

dans le cadre de troupes françaises en Allemagne. Mais la revue ne vise qu'un public très restreint d'adultes, d'officiers et de leurs familles. Les sous-officiers, les soldats du contingent et les membres civils sont absents. La plupart des informations et des activités culturelles ne concernent que peu de personnes ; si l'on fait abstraction de la mention de quelques manifestations religieuses, sportives ou de détente, on constate qu'il ne se passe pratiquement rien chez les FFA à Baden-Baden, au cours de cette semaine. Sans doute trop formelle et composée avec un souci de bonne apparence, de bonne conduite, y compris vis-à-vis des Allemands, la revue est loin de montrer la vitrine de la vie quotidienne et réelle des FFA. Elle procure au lecteur averti une sensation de superficialité, voire de « vide », mais c'est justement en contrepoint de ce vide, que les témoignages de ceux qui ont vécu aux FFA, à différentes époques, ~~qui~~ permettent de retrouver la distance entre l'institution militaire française en Allemagne et la « véritable » histoire des FFA.

2. LES RELATIONS FRANCO-ALLEMANDES

Si beaucoup de Français n'étaient pas intégrés dans le milieu FFA, comme le pense S. Guth, ils ne l'étaient pas pour autant dans la société allemande. Les relations franco-allemandes n'étaient pas simples. De nombreux motifs empêchaient les rencontres et la création de liens. On peut les rassembler en deux champs. On a, côté pratique, les circonstances et les conditions particulières de vie des Français. Mais il y a aussi, du point de vue culturel, les mentalités et les représentations réciproques tenaces. M'appuyant sur des documents d'époque et mes souvenirs, j'expose dans cette partie les difficultés auxquelles il fallait faire face, de part et d'autre. Dans ce contexte, je parlerais de jeunes FFA plutôt que d'enfants : à l'époque on n'employait pas encore le terme « adolescent ».

Pour bien comprendre les relations entre les Français qui vivaient en Allemagne dans le cadre des FFA et la population allemande des villes où ils habitaient, il faut replacer chaque chose dans son contexte, tenir compte du temps, de l'histoire ; les relations internationales sont en toile de fond. On trouve sans doute plus de constances que de différences entre la première et la seconde génération de jeunes. Au-delà de l'exposition de faits, je propose ici une réflexion sur ces relations.

Baden 1964 : l'état des lieux

En 1964, le journaliste Jean-Claude Bringuier a réalisé un reportage vidéo à Baden-Baden sur les relations entre les jeunes français et allemands[52]. C'est un film très important, car faisant pendant à l'enquête sociologique de S. Guth, il repose sur les témoignages des uns et des autres, recueillis au cours de divers entretiens trente ans auparavant. C'est comme un état des lieux.

Nous sommes vingt ans après la guerre dans une Allemagne occupée par les troupes étrangères, même si l'occupation a pris ou est en train de prendre une autre signification depuis la fin officielle du régime, deux ans auparavant. En 1962, le Général de Gaulle fait une tournée en Allemagne faisant ses discours en allemand. À Bonn, le 2 septembre, il termine dans une de ses célèbres envolées, acclamé par le public : « Vive l'Allemagne. Vive l'amitié franco-allemande[53] ». Le 9 septembre, il est à Ludwigsburg et déclare aux jeunes Allemands :

> « Tandis qu'entre les deux États la coopération économique, politique, culturelle, ira en se développant, puissiez-vous pour votre part, puissent les jeunes Français pour la leur, faire en sorte que tous les milieux de chez vous et de chez nous se rapprochent toujours davantage, se connaissent mieux, se lient plus étroitement ![54] »

Le reportage a lieu quelques mois à peine après le traité de réconciliation signé par de Gaulle et Adenauer. La présence française n'a pas le même sens pour les Français d'Allemagne que pour les Allemands et c'est là une des bases de compréhension de leurs relations.

J.-C. Bringuier constate que les jeunes français et allemands, bien qu'habitant la même ville, ne se connaissent pas, ne se fréquentent pas. Le but de son reportage est donc de comprendre le pourquoi et le comment d'une telle situation. Il s'entretient tout d'abord avec un groupe de Français FFA, va ensuite à la rencontre de deux groupes

---

[52] BRINGUIER, Jean-Claude, « Baden Baden 1964 » Video_ Baden_ Baden__ 1964, www.ina.fr/video/CPF86626895 (Consulté en 2013). La vidéo peut être acquise auprès de l'Ina pour une somme très modique.

[53] Discours de Charles de Gaulle en allemand (Bonn, 4 septembre 1962) www.youtube.com/watch?v=dqQdyKbyRXY (Consulté en 2013).

[54] Discours de Charles de Gaulle en allemand devant la jeunesse allemande, Ludwigsburg, 9-septembre1962. www.charles-de-gaulle.org (Consulté en 2013).

d'Allemands, revient voir les Français puis met les deux groupes en présence ; tous ont entre 15 et 17 ans.

Le discours des jeunes FFA va dans le même sens que tout ce que j'en dis moi-même en me basant sur mes souvenirs et autres documents, mais leurs témoignages apportent d'autres informations. Le temps consacré aux jeunes allemands occupe une place prépondérante : presque la moitié du reportage, deux fois plus que celui passé avec les Français[55]. C'est à travers eux que l'on peut saisir le fossé qui sépare les deux communautés.

À ma connaissance, c'est probablement le seul document d´époque qui leur donne la parole et fasse état de leurs pensées, ce qui en fait toute sa valeur. En surfant sur Internet, ce que j'ai pu trouver sur la jeunesse allemande dans les années 60, en allemand comme en français, concerne surtout les questions culturelles (musique, mode, contre-culture) et politiques (contestation, mai 68) qui ne lui sont pas spécifiques.

Les commentaires de Jean-Claude Bringuier nous instruisent aussi sur le regard extérieur qu'on pouvait porter à l'époque sur les FFA et les Allemands. L'analyse du reportage, cependant, ne peut se limiter au contenu des entrevues et aux commentaires. Les attitudes, les réactions des jeunes, en particulier celles des Français face aux questions, celles du journaliste aussi sont autant d'éléments de compréhension de ce qu'il nous montre, de ce que nous entendons. La lecture du document, avec le recul du temps et de l'expérience, dévoile une incomparable richesse que l'auteur n'a même pas soupçonnée. Peut-être fallait-il pour cela avoir le regard du témoin que je suis, puisque j'étais à Baden-Baden cette année-là, et de l'historien que je suis aujourd'hui. J'invite vivement ceux qui s'intéressent à la question à le visionner. Ce qui était un reportage est devenu pour nous un document historique.

---

[55] Environ 20 minutes sur 42 que dure le reportage, contre 9 minutes pour les Français.

39 - Carte postale de Baden-Baden, années 60
(Archives familiales)

Une ville française ? La rupture des liens

La conversation sur la langue allemande entre Bringuier et les jeunes Français nous fait découvrir un point extrêmement intéressant. Une fille habitait à Fribourg et déclare : « On vivait vraiment avec les Allemands, au milieu d'eux dans des immeubles communs. À ce moment-là, je parlais même mieux l'allemand que le français[56]. » Une autre fille fait alors la remarque suivante :

> « Oui, je crois qu'ils ont fait une bêtise quand ils ont rassemblé tous les Français. Il y a quelques années on habitait dans un immeuble allemand et on était la seule famille française, alors le contact était obligé avec les Allemands. Et on parlait très bien allemand. Depuis

[56] BRINGUIER, J.-C., *Op. Cit.* Dans cette section, comme pour d'autres documents, je fais une étude plus ou moins suivie du reportage. Les courtes citations extraites étant nombreuses et explicites dans le texte – souvent sous la forme « un jeune de 1964 dit » –, je ne reprends pas la référence à chaque fois. Elles peuvent se situer à n'importe quel moment et s'agissant d'une vidéo, il est difficile de les situer : il n'y a pas de pages précises comme dans un livre et le minutage est aléatoire.

qu'on est revenu ici, j'ai perdu complètement toute ma langue [et les contacts] [57]. »

On constate ainsi que sous le régime d'occupation et dans les premières années des FFA, les Français vivaient dans le milieu allemand. Le nombre croissant de personnel militaire et civil des FFA, dans les années 50, a rendu nécessaire la construction de quartiers français qui ont séparé les Français FFA de la population allemande. Les cités de Baden-Baden étaient les plus importantes et là, plus qu'ailleurs, la rupture a été flagrante. Elle a eu pour conséquences le déclin de la connaissance de la langue allemande par les Français et, par la suite, la faiblesse des relations franco-allemandes pour les populations locales.

40 - Résidence d'une famille française à Neustadt en 1951, avant les cités (Archives familiales)

Au moment où Jean-Claude Bringuier fait son reportage, les cités se sont bien développées. Il y voit là une ville française qu'il nomme Baden-Oos, séparée par un pont de Baden-Baden, qu'il désigne comme la ville allemande. Pour lui, elle ressemble à une « sous-préfecture reconstruite après la guerre, une cité-dortoir ». Il compare les immeubles à des HLM et ne saisit pas le caractère militaire et

[57] BRINGUIER, J.-C., *Op. Cit.*

fonctionnel des constructions, toutes bâties sur le même modèle ou presque. Il y note la présence de « militaires de l'OTAN et leurs familles, des fonctionnaires, des administrateurs, huit mille personnes en tout ». Il ne s'étend pas plus sur la spécificité de ces Français, ce qui est pourtant un point fondamental. Le reportage est ponctuel, comme une photographie, et ne peut enregistrer ce que l'on sait avec le temps, la durée. Les jeunes ne l'aideront pas beaucoup dans ce sens.

Le journaliste n'est pas le seul à avoir cette impression de ville française : c'est le cas de nombreux visiteurs étrangers. Mais on apprend que certains Français qui vivent dans les cités l'ont aussi ; j'ai moi-même parlé plus haut de ville, entre guillemets, car la réalité est plus complexe. Comment les Allemands voient-ils alors les cités ?

Lors de la réunion des deux groupes de jeunes, un Allemand s'étonnera un peu de l'attitude des Français dans leurs rapports avec ses concitoyens et leur demandera : « Vous vous sentez comme en France, pas comme en Allemagne ? ». « On habite une ville française », lui répond un Français et l'Allemand s'offusque, à juste raison : « Ce n'est pas une ville française, ici ! ». Règne alors une grande agitation où tout le monde parle en même temps. Le jeune Français précise même de façon un peu péremptoire : « Baden-Baden est allemande, mais Baden-Oos est française ».

La question ici est la suivante : si les habitants des « cités » pouvaient avoir l'impression d'être dans une ville française, comment aurait-il pu en être autrement des visiteurs ? Je pense que c'était néanmoins une très petite minorité. Les personnes, qui arrivaient de France pour y vivre difficilement, pouvaient classer les cités comme villes françaises, en comparaison de celles d'où ils venaient. Pour ma part, comme pour tous mes amis FFA, quand nous parlions de notre vie en Allemagne, ou de notre lieu de résidence, nous disions toujours Baden-Baden ou Baden, exclusivement, comme nous le faisons encore aujourd'hui. Pour l'armée et l'État français, y compris l'administration allemande, je le rappelle, le commandement des FFA se trouvait aussi à Baden-Baden et non à Baden-Oos ; la dénomination officielle des cités était « les quartiers français de Baden-Oos »[58].

C'était la réalité géographique et les Allemands, eux, ne pouvaient avoir cette perception de ville française. Baden-Oos, pour les Badenois, faisait partie de l'agglomération urbaine de Baden-Baden, avec des quartiers allemands et des quartiers français bien distincts. La distance entre Baden-Oos et le centre-ville était la même pour les uns comme pour les autres, il n'y avait pas réellement de séparation du point de vue urbaniste.

Le jeune qui affirme que Baden-Oos est une ville française est fils d'officier, c'est-à-dire dire, aux yeux des Allemands, un représentant des troupes d'occupation. Nous sommes en 1964, ne l'oublions pas, soit deux ans après la fin officielle du régime d'occupation sous lequel ces jeunes Allemands ont grandi. Tout naturellement, la déclaration du Français est ressentie comme une insulte, une atteinte à leur pays, l'expression d'un mépris. Mais personne n'ose parler des raisons de la présence française en Allemagne. C'est le principal problème qui touche les relations franco-allemandes, mais aucun des jeunes qui discutent ne semble s'en apercevoir et ne cherche à approfondir le sujet : il est trop délicat.

Le confinement dans les cités

On est au centre du problème de la relation entre Français et Allemands : les « cités », les quartiers isolés, le ghetto, la vie entre Français. La question de la méconnaissance de la langue et des contacts entre les populations devient presque évidente. Dans le reportage de 1964, les choses sont dites çà et là mais la pression sociale et culturelle que le milieu FFA représente pour les FFA n'est pas réellement exprimée ; il faut lire entre les lignes.

Il est sans doute difficile pour ceux qui n'y ont pas vécu, d'imaginer ce qu'était la vie dans les cités pour les jeunes. Pour ceux

---

[58] L'article de l'Encyclopédie Wikipédia sur Baden-Oos (de.wiki pedia.org/wiki/Oos _(Baden-Baden)) ne mentionne même pas dans l'histoire la présence des Français ; celle-ci est incluse dans l'histoire de Baden-Baden (de.wikipedia.org/wiki/Baden-Baden).

de 1964, « C'est une vie très particulière. Y'a peu de vie quoi. [...] On ne s'ennuie pas, mais il n'y a pas beaucoup d'animation. Quand on rentre du lycée, c'est toujours pareil, c'est monotone ». Ce n'est pas une vie normale, « l'ambiance n'est pas pareille qu'en France. On vit un peu comme en caserne », dit une fille. CASERNE ! Ce n'est pas un mot anodin : c'est bien là la réalité. Les infrastructures sont réduites à l'essentiel, justement comme dans une caserne. D'ailleurs, si les « cités » avaient été entourées de murs comme un quartier militaire, personne ne s'en serait offusqué. Tout le monde avait le sentiment du poids de l'armée dans la vie quotidienne. Elle agissait sur l'inconscient des jeunes et restreignait leur liberté.

très longs en train puisqu'il fallait en changerhrase de la même fille : « Quand on va en France, on peut aller dans les villages à côté tandis qu'ici, on reste que dans les cités. C'est rare quand on sort des cités ». La référence aux villages est surprenante, mais compréhensible. Pour les enfants FFA, la vie en France a un côté rural. Quand ils vont en France, ils sont en vacances. Ils se rendent dans les campagnes, à la mer, à la montagne. Ils ne vont pas en France pour rencontrer des Français, ils rejoignent leurs familles, se distraient avec leurs cousins et les relations avec d'autres jeunes sont vraisemblablement superficielles, comme toute rencontre de vacances peut l'être. La fille, qui est née et a toujours vécu en Allemagne, ne connaît pas la vie des Français de son âge et, de surcroît, la vie quotidienne en milieu urbain en dehors des vacances. On ne voit donc pas ce qui aurait pu attirer les jeunes FFA dans les villages allemands. On imagine mal ces Français à l'esprit et au mode de vie petit-bourgeois, certains sans doute imbus de leur personne, aller à la rencontre de paysans, uniquement parce qu'ils sont allemands.

Les jeunes sont incapables d'expliquer à Jean Claude Bringuier pourquoi ils ne sortent pas de cette « ville » française, parce que, eux-mêmes, ne savent pas très bien se situer dans le milieu FFA et définir ce même milieu par rapport au milieu allemand. On ressent cela dans ces propos embrouillés de la fille la plus loquace :

> « Mais… Il y a plusieurs obstacles à franchir… Je n'sais pas, tandis qu'en France c'est un peuple… Je trouve que les Français… C'est

> une barrière symbolique qui dit quand même quelque chose, que ce n'est pas pareil[59]. »

Une BARRIÈRE SYMBOLIQUE ! Les mots sont bien trouvés. Ils expriment clairement ce que tout le monde ressent, même si la fille n'arrive pas à dire ce que cela signifie exactement. Il peut autant s'agir d'une barrière mentale que d'une barrière physique. Mais la fille est troublée, elle semble vouloir dire des choses sans y parvenir. Que cache le mot « peuple » qu'elle emploie pour désigner « les Français » ? Il semble faire référence à ceux qui vivent en France, c'est à dire sur le sol, sur le territoire français, là où elle ne vit pas. Le Rhin sépare les deux pays, géographiquement et politiquement, et pour aller en France, ceux qui résident dans le Baden-Württemberg doivent le traverser, autrement dit, passer la frontière. C'est une barrière physique, mais aussi symbolique dans la mesure où elle sépare les cultures, les modes de vie. Mais il en existe une autre, liée justement au territoire et à la culture. Les FFA vivent sur le sol allemand, mais leur territoire en est séparé par cette barrière symbolique que constituent les limites des « cités » et les différences culturelles. La suite de la conversation va dans ce sens.

Les jeunes expriment leur sentiment du lieu et l'indéfinition se traduit dans leurs propos, par leurs doutes et leurs hésitations :

> « Mais on vit pas dans le pays. On vit entre Français. On vit pas en Allemagne, enfin, moi je trouve pas… »

> « En général on apprécie peu ce fait [d'être en Allemagne] parce que… on voudrait bien être en France. On a l'impression d'être un peu exilé. Enfin, c'est ce que je crois[60]… »

Les deux filles qui s'expriment ici sont en Allemagne depuis très longtemps, avant la création des « cités », l'une y est née. Elles devraient se sentir chez elle en Allemagne, or ce n'est apparemment pas le cas. Leur sentiment est-il dû au fait d'être en Allemagne ou de vivre dans les « cités » loin de tout ? L'exil n'est-il pas plus intérieur que physique ?

---

[59] BRINGUIER, J.-C., *Op. Cit.*

[60] *Idem.*

Le malaise des jeunes Allemands

Grâce au reportage de J.C. Bringuier, nous avons le témoignage des jeunes allemands en 1964. Le journaliste s'étonne de la facilité avec laquelle il trouve des Allemands qui parlent le français et, pour lui, la langue ne constitue pas un obstacle aux relations entre les deux jeunesses. Leur connaissance de la langue française ne sera même pas questionnée, comme si elle était normale. De même, à aucun moment, le journaliste ne parlera des rapports avec les jeunes Français qui vivent en Allemagne[61]. C'est sans doute pourquoi le discours des Allemands est totalement différent de celui des Français.

Hitler, le nazisme (le mot ne sera jamais prononcé, mais il est sous-entendu), la guerre, la division de l'Allemagne et l'occupation par les troupes étrangères, les rapports avec les étrangers sont les seuls thèmes abordés. Ça en paraît presque obsessionnel, mais c'est très compréhensible. Ils sont pratiquement tous nés en 1947 ou 48, avant même la création des deux Allemagne et le passé récent fait encore partie de leur quotidien. Ils en parlent comme faisant partie de la politique allemande, sans doute par manque de vocabulaire français, mais ils sont bien clairs dans leurs propos. Ils ne sont pas politisés, simplement, ils réfléchissent sur leur condition humaine d'Allemands de première génération après la guerre et la chute du IIIe Reich.

La discussion avec le premier groupe de cinq garçons, rencontrés à la piscine municipale, porte très vite sur le cinéma. Celui-ci fournira aux jeunes un prétexte pour parler de leurs problèmes au journaliste.

L'un des jeunes a particulièrement été touché par un film dont il fait un résumé : *Die Brücke*, de Bernard Wicki (*Le pont* en français). Le film est sorti en 1959 et a reçu plusieurs prix nationaux et

---

[61] À mon avis, ces lacunes, comme d'autres qui apparaissent dans le reportage, à nos yeux d'aujourd'hui et en tant que témoins de l'époque, sont dues au format de 45 minutes, sans doute imposé par le diffuseur. Il aurait fallu un film de 90 minutes pour permettre à Jean-Claude Bringuier de tout développer. Il est alors aisé de comprendre le choix du journaliste dans ce cas précis.

internationaux. On en a fait une version pour la télévision en 2008[62]. C'est donc un succès récent au moment du reportage, mais la référence à ce film va bien plus loin.

L'histoire romancée du film est véridique. En 1945, c'est la débâcle de l'armée allemande. De jeunes Allemands sont engagés dans la *Wermacht* et sont chargés d'empêcher les Américains qui arrivent de passer sur un pont, pendant que les troupes prennent la fuite. Ils se retrouvent seuls face à leurs ennemis, dans un huis clos presque insoutenable. Le cerveau lavé par la propagande nazie, ils sont incapables de voir la réalité de leur situation et de leur action. Ils croient défendre leur patrie et le Führer et finissent tous par mourir, à l'exception d'un seul qui racontera l'histoire.

Le thème du film, en soi, pose donc le problème de la propagande et de l'embrigadement de la jeunesse. Étant jeune lui-même, l'Allemand semble se sentir directement concerné par l'attitude de la génération de ses parents ; il se demande probablement ce qu'il aurait fait s'il avait été à leur place. Le thème revient le soir, avec le deuxième groupe dans les propos du jeune Reinhold, le « philosophe » selon l'expression de ses amis. Il explique à J.-C. Bringuier la signification d'un de ses tableaux : il symbolise la démagogie, la voix d'Hitler que le peuple écoute et qui obéit à ses ordres jusqu'à en mourir. Le journaliste est impressionné : « Pour savoir ça quand on a 17 ans, que les discours, la propagande peuvent étouffer la conscience de chacun, et le savoir au point d'en faire des tableaux, il faut vraiment que ça fasse partie de votre vie. Il faut être né là-dedans ». C'est bien là la question : ils sont nés là-dedans et qui peut, sinon les jeunes Allemands eux-mêmes, comprendre et dire ce que cela signifie pour eux ?

De fil en aiguille, la conversation sur le cinéma allemand permet d'aborder d'autres questions. Cependant, le discours n'est pas direct,

---

[62]J'ai visionné le film original en allemand (www. youtube.com/watch?v= ANDhm974yFc) et la version de 2008 en français (www.youtube. com/ watch?v=z961fwJkrh4). J'ai également utilisé l'article de l'Encyclopédie Wikipédia (fr.wikipedia.org/wiki/Le_Pont_(film)) dans les lignes qui suivent.

les informations sont données, peu à peu, à mots couverts ; comme pour les Français, il faut lire entre les lignes.

En voici des exemples. L'un déclare que les Allemands n'ont pas de style cinématographique à eux, ils imitent les films américains ou français, surtout les Américains, ajoute un autre. Mais celui qui a vu *Le pont* n'est pas d'accord. Pour lui, les Allemands peuvent imiter les étrangers, « mais il faut pas tout à fait être américain, ou français ou anglais... ». Il pense que la jeunesse allemande veut prendre le bon et pas le mauvais, « C'est à cause de l'occupation, je crois. », dit-il. Le mot « occupation » semble tomber comme un cheveu dans la soupe, mais il est déjà contenu dans le discours, implicitement, et apparaît comme un problème majeur. Même si le jeune ne le dit pas expressément, l'occupation apparaît comme un poids pour lui, comme vraisemblablement pour tous les Allemands. En effet, pour lui, les « étrangers », ce sont exclusivement les Américains, les Français, les Anglais (il le répète par trois fois), c'est-à-dire, la nationalité des troupes qui sont sur le territoire allemand. Cette référence ne peut être un hasard.

Il touche alors à la division de l'Allemagne entre l'Est et l'Ouest autre point crucial : « On pense toujours aux parents à l'Ouest, non à l'Est, pardon, et on pense toujours à la politique de la réunion allemande ». L'hésitation entre Est et Ouest est significative du désarroi dans lequel le jeune se trouve (le mot « réunification » n'est devenu courant que bien plus tard). Personne n'en parle, mais il ne faut pas oublier que le mur de Berlin vient d'être construit : à l'époque, il marque tous les esprits et pas seulement celui des Allemands. Pour le jeune, il n'y a qu'une seule Allemagne et la coupure du pays est une autre cause de souffrance, comme pour toute la population.

Le soir, dans la chambre de Reinhold, se retrouvent d'autres jeunes, groupe plus nombreux que le précédent et mixte, la conversation est encore plus intense.

Sur une étagère se trouve un livre mis en évidence : la biographie d'Hitler. Le nom est aussitôt prononcé et naturellement la discussion démarre sur ce sujet. Reinhold explique qu'Hitler a beaucoup d'importance pour eux, qu'il occupe encore leurs esprits parce que c'est de leur passé récent dont il s'agit. « C'est le problème de tous les

Allemands, de tous les jeunes allemands qui se sentent concernés, attentifs à ce qui se passe », précise-t-il. Mais il ajoute une idée qui va orienter la conversation sur une autre question : « tout le monde parle de ce que les Allemands ont fait et nous, les jeunes, on doit répondre. Nous ne pouvons pas nous taire parce que c'est notre problème, c'est l'histoire, l'histoire de notre pays ».

Bringuier s'adresse aux autres pour savoir si eux aussi sont conscients cette responsabilité. C'est le mot qu'il emploie, mais les jeunes ne l'entendent pas ainsi. « Non, c'est pas ça... », dit une fille dans un petit rire. La question, très importante pour eux, est la suivante : la réaction des étrangers vis-à-vis des Allemands, la référence implicite ou explicite au nazisme, l'humiliation quasi permanente.

Ils voudraient bien oublier ce passé, mais ils sont OBLIGÉS – une fille insiste sur ce mot – d'en parler, de répondre aux questions que les étrangers leur posent. Une fille raconte que, l'année précédente, aux Pays-Bas, un homme s'est exclamé en la voyant : « Oh ! Regarde cette Allemande, elle vient du pays où il y avait Hitler ». Il a commencé à lui dire « des mots MÉCHANTS. » Et il lui a demandé ce qu'elle pensait d'Hitler, avec cette phrase : « Vous êtes tous les mêmes ». Elle devait lui répondre. « Et comme ça, je devais savoir quelque chose d'Hitler et de la politique allemande » termine-t-elle.

Le journaliste découvre le problème : « Mais ça arrive souvent que l'étranger vous pose des questions de cet ordre ? ». La fille répond : « Mais oui ! Presque toujours. On parle du temps, il fait beau et soudain, naturellement, on parle de la politique allemande. Toujours ». Le journaliste ne semble pas y croire, mais c'est un fait : oui, toujours. Une deuxième fille renchérit : « Oui, moi j'ai fait la même expérience en Autriche. Il y a quelqu'un qui a vraiment gueulé contre nous parce que nous étions des Allemands [...]. C'était presque pénible parce que moi je ne sens pas cette dette ». Elle se tait, le regard triste. Elle vient de prononcer un mot terrible pour eux : dette.

Le journaliste a l'impression qu'ils font un complexe, et un garçon lui réplique, le visage crispé : « C'est notre passé qui nous complexe à cause de toutes ces choses cruelles qu'ont été Dachau, Auschwitz et toutes ces guerres... Oui ».

Plusieurs interviennent pour dire que ce n'est pas de leur faute ce qui s'est passé, c'est le fait de la génération précédente, qui avait une autre mentalité, ça les concerne parce que c'est l'histoire du peuple allemand. Ils ne peuvent oublier, mais ils rejettent toute responsabilité en tant que jeunes. Reinhold fait remarquer que c'est un problème pour les Allemands, pas vraiment pour les Français, sous-entendus les étrangers.

Ainsi, vingt ans après la fin de la guerre, le regard que les jeunes portent sur leur passé et sur les conséquences dans leur vie quotidienne provoque chez eux un profond malaise, mélange de plusieurs souffrances. Cela a influencé, à n'en pas douter, leurs relations avec les Français FFA. Même s'il se réfère aux différences culturelles, un des jeunes déclarera qu'ils ont « peur de rencontrer des Français, de créer des amitiés ».

La pratique des langues et les contacts

La question de la pratique des langues est essentielle pour comprendre les relations franco-allemandes. Mais il faut aborder la question sur un plan général.

L'allemand n'est pas une langue couramment parlée dans le monde, elle n'est officielle que dans cinq pays. Pour les Allemands, c'est presque un besoin d'apprendre d'autres idiomes, pour communiquer avec les étrangers. Aujourd'hui tous, ou presque, parlent l'anglais. On peut s'en rendre compte avec les jeunes Allemands du reportage qui s'expriment relativement bien en français. Mais pour eux, le français est, comme encore pour beaucoup de personnes dans le monde à cette époque-là, une langue de culture. On lit les auteurs français comme en témoigne le livre de Saint-Exupéry (*Nachtflug*/Vol de nuit) vu sur l'étagère de la chambre de Reinhold. C'est donc un choix, une ouverture intellectuelle sur le monde et cette ouverture est très importante pour ces Allemands qui ont toujours été repliés sur eux-mêmes, comme les jeunes le disent[63]. Pour les Français d'Allemagne, la langue allemande représente autre chose. Son apprentissage n'est pas facile, avec les déclinaisons et le rejet du verbe en fin de phrase, par exemple. Elle n'a rien d'attirant, du point de vue intellectuel. La culture allemande est mal diffusée, elle a du mal à faire sa place dans le monde et reste méprisée à cause du passé récent du pays encore dans tous les esprits.

Les Français d'Allemagne n'échappent pas à cela. Mais pour eux, qui sont sur le territoire allemand, connaître les rudiments de la langue, la parler plus ou moins bien, est une obligation, une nécessité pratique pour les déplacements, les achats dans les magasins, le passage du permis de conduire pour certains et tant d'autres circonstances de la vie quotidienne. L'allemand s'impose à eux, même s'il ne s'agit souvent que de quelques mots qui sont intégrés dans le langage courant en français. Pour la plupart des Français, enfants de militaires, vivant dans un milieu français, la langue allemande ne présente guère d'intérêt, car ils savent qu'au bout de trois ans ils ne seront plus en Allemagne et son apprentissage leur apparaît vraisemblablement comme une corvée scolaire.

Dans le reportage de J.-C. Bringuier, tous les jeunes déclarent qu'ils ne parlent pas l'allemand. L'un est né en Allemagne, un autre est là depuis deux ans, le troisième depuis quatre et celui-ci déclare qu'il ne l'étudie pas en classe. En vérité, l'enseignement de la langue était obligatoire pour tous, l'apprentissage commençait dès la 6e. Ceux qui arrivaient en ayant commencé une langue autre que l'anglais devaient suivre des cours par correspondance (espagnol,

---

[63] On peut à ce propos lire *La Civilisation des mœurs* de Norbert Elias (Coll. Pocket, Agora, nº 49, Paris, 2002. Traduction de *Über des Prozess der Zivilisation*). Dans la première partie, il explique comment, entre le XVIe et le XIXe siècle, les auteurs et intellectuels de langue allemande ont du mal à trouver leur place en Allemagne, du fait de leur dispersion dans le pays : il n'existait pas en Allemagne de centre culturel, comme l'étaient Paris ou Londres. À cette époque le français dominait dans la culture européenne et l'auteur dit même qu'il était de bon genre de toujours placer un mot de français lorsqu'on s'exprimait en allemand.

italien)[64]. Mais peu d'élèves s'intéressaient à la langue, la grande majorité d'ailleurs ; la courte durée des séjours était peu motivante et, paradoxalement, les conditions de vie en rendaient la pratique difficile. Quoi qu'il en soit et c'est ce que disent les jeunes en 1964, tous les Français avaient quelques notions d'allemand. Les Allemands, du français, par force, en particulier les commerçants. En réalité, dans la pratique courante, de part et d'autre, on baragouinait. On arrivait à se comprendre sur l'essentiel de la vie quotidienne, mais il était impossible de tenir une conversation soutenue.

Par ailleurs, si on apprenait l'allemand standard (*Hochdeutsch*) à l'école, à Baden-Baden et dans la région, on parlait le dialecte local, le badois. C'est ainsi qu'on avait plus de chance de communiquer en apprenant le langage dans la rue que dans les salles de classes, comme beaucoup de Français, ainsi que moi-même, ont plutôt eu tendance à le faire. En fait, il fallait les deux. J'ai à ce propos deux souvenirs. Étant dans la rue avec un camarade de classe, un Allemand est venu nous demander un renseignement. Comme mon ami était bon élève en Allemand, contrairement à moi, je l'ai laissé répondre. Il n'a rien pu dire. J'ai donc donné les informations demandées et après j'ai dit à mon ami : « À quoi ça sert d'avoir des bonnes notes en classe si tu n'es même pas capable de parler dans la rue ! ». À l'époque où je cherchais à avoir des contacts avec les Allemands de mon âge, notamment à leur Maison des Jeunes, j'étais en train de discuter avec un Allemand, lorsqu'un autre jeune est venu vers moi pour me parler d'un autre sujet. La conversation a été rapide et, quand il est parti, celui avec qui j'étais m'a demandé si j'avais compris ce que l'autre m'avait dit. J'ai répondu affirmativement et mon interlocuteur s'est étonné en disant : « mais il t'a parlé en dialecte badois ! ». Je n'y avais même pas fait attention…

On peut ici évoquer la question du point de vue des contacts par rapport à la langue. Dans le reportage de 1964, lors de la réunion commune, la langue est un des points forts de la discussion. Les Allemands ne comprennent pas pourquoi les Français ne parlent pas l'allemand. L'un dit qu'ils n'ont pas le temps à cause des études, un

---

[64] Je n'en suis pas certain, mais pour ceux-là les cours d'allemand n'étaient pas obligatoires ; il était cependant vivement conseillé de les suivre.

autre explique que, fils d'officiers, ils ne pas sont là pour longtemps et puis que, de toute façon, les Allemands parlent français. Reinhold dit que s'il passait quatre semaines en France, il essayerait de parler la langue du pays. Mais une jeune Française objecte : « Tu essayerais parce que tu serais avec des Français, nous, on est jamais avec des Allemands, on connaît pas d'Allemands ».

La phrase soulève la question du confinement de la vie dans les « cités », mais montre aussi que les jeunes FFA se sentent naturellement différents des Français de France, séparés d'eux par leur lieu et leur mode de vie. Les jeunes Allemands ne connaissent pas grand-chose de ces Français et ils en ont une autre perception.

Les Allemands ainsi reprochent aux Français de ne pas s'intéresser assez aux « citoyens de Baden-Baden ». L'ambiguïté de l'expression est symptomatique de la coupure entre les deux communautés qui, à défaut de le partager socialement, vivent sur le même territoire urbain. Elle dénote, d'une part, que les Allemands n'ignorent pas l'importance, par le nombre, de la présence française dans leur ville, mais, d'un autre côté, qu'ils n'ont pas conscience de ce que cela représente pour les Français. Ainsi l'expression semble signifier que les Allemands regardent les Français des FFA comme s'ils étaient totalement immergés dans le pays : « C'est à vous de faire le premier pas, pas à nous » dira Reinhold au cours de la conversation.

Il a sans doute raison, mais, d'un autre côté, on se demande pourquoi les Allemands, eux-mêmes, n'allaient pas au-devant des Français tout proches d'eux. Ceux qui s'intéressaient à la langue française, l'apprenaient et le parlaient parfois très bien, auraient pu pratiquer la langue, se perfectionner. Il y avait de part et d'autre des blocages culturels qui nuisaient aux contacts. C'est un point de psychologie extrêmement compliqué qui mériterait l'explication d'un spécialiste. On peut néanmoins en dire qu'il résulte de ces angles de vue divergents des non-dits et des comportements équivoques dans les relations.

Les relations : entraves et volonté

En vérité, le confinement des Français dans les « cités » comprend de nombreux facteurs qui, l'un s'ajoutant à l'autre, renforcent les difficultés qu'ils ont à faire des contacts avec les Allemands.

« Je crois qu'on vit dans un cercle fermé. On a tout ce qu'il nous faut, alors on n'éprouve pas le besoin d'aller à Baden et de s'y faire des relations avec les Allemands », dit un jeune de 1964. C'est une explication parmi d'autres ; l'autarcie matérielle, qui était relative, justifiait le manque d'intérêt pour rencontrer des Allemands.

La différence entre les systèmes scolaires allemand et français est fondamentale. Les jeunes allemands n'ont des cours que le matin et peuvent consacrer leurs après-midi à d'autres activités qui les intéressent. Pour les jeunes FFA, qui étudient du matin au soir, le lycée occupe la plus grande partie de leur temps et les loisirs restent peu nombreux ainsi que le dit un jeune de 1964 :

> « Vous rentrez en classe à 8 heures, vous sortez à midi, deux, quatre, vous sortez, faites vos devoirs pour le lendemain et puis ça recommence. Vous avez le jeudi, le samedi après-midi, le dimanche. Une fois que vous avez du temps libre vous préférez l'occuper avec des Français[65]. »

Fréquenter un lycée allemand, apparemment, ne changeait pas grand-chose. Une fille de 1964 en a fait l'expérience, pendant les vacances, et elle raconte que les sujets de conversation sont toujours les mêmes, limités par le vocabulaire. « On a eu un mois, même pas de relations suivies, puis après, on ne s'est plus vu, petit à petit. Maintenant on ne se voit plus du tout ». Pourquoi ? s'étonne le journaliste. Elle fait une moue : « Il fallait aller en autobus... la flemme, quoi (sourire) ». Souvenons-nous ici que les transports en commun ne passaient pas dans les quartiers français, il fallait parfois beaucoup marcher pour aller au premier arrêt de bus. Je reviendrais sur ce point, mais ici c'est la paresse qui est mise en évidence et cela semble bien plus profond que cela : l'apathie.

---

[65] BRINGUIER, J.-C., *Op. Cit.*

Sans doute très habitués à être encadrés par les institutions militaires ou scolaires, les jeunes de 1964 avaient l'impression que les initiatives individuelles étaient impossibles, qu'elles ne leur appartenaient même pas et que seuls d'autres – une personne ou les institutions – pouvaient et devaient les prendre : « On ne sait pas qui voir comme Allemand », « Il faudrait que quelqu'un nous insère dans un groupe », « Il faudrait qu'on les provoque les liens, je ne crois pas que ce soit à nous [de le faire], on peut pas y aller tout seul ».

C'était illusoire et j'en veux pour preuve la rencontre qu'un professeur d'anglais avait organisé au lycée, en 1970, entre les élèves français et les jeunes canadiens de la base militaire de Söllingen. Rassemblés dans une grande salle, nous étions là assis à écouter des discours de profs, de responsables d'établissements scolaires, peut-être des militaires, je ne m'en souviens pas très bien. On nous incitait à nous rencontrer pour pratiquer mutuellement l'anglais et le français. Pour clore la séance, le professeur avait insisté pour que je joue un morceau de piano, j'avais interprété *Hey Jude* des Beatles. Résultat, la réunion n'a été suivie d'aucun autre échange, ni institutionnel ni particulier. Curieusement, aucune initiative de ce genre n'a été entreprise avec les écoles allemandes, ce qui aurait été plus logique ; du moins je n'en ai aucun souvenir.

Le manque de liberté des Français est ainsi significatif. Les contraintes étaient nombreuses : le confinement dans les cités, le temps pris par le lycée et les études, le poids des institutions. Les Allemands n'étaient pas confrontés à ce genre de difficultés et, par conséquent, ne pouvaient pas comprendre les jeunes français de leur âge.

Deux autres facteurs sont primordiaux : l'âge et les déplacements. Il ne faut pas oublier que l'on devenait majeur à 21 ans et qu'on était soumis donc à l'autorisation des parents pour toute activité en dehors de la maison ou d'un cercle restreint. Cela était vrai dans la société française, mais, chez les FFA, les parents étaient plus rigoureux. Malgré tout, la tranche d'âge faisait la différence. À partir de 17-18 ans, on avait beaucoup plus de liberté et, pour certains, le permis de conduire et la voiture des parents étaient d'une aide précieuse.

Il n'empêche que sortir des cités était avant tout une question de volonté. Pour aller en ville, prendre le bus n'était pas si compliqué que ça, mais on s'y rendait parce qu'on avait des achats à faire, ou pour se distraire, pas pour se lier d'amitié avec des Allemands. Pour sortir, dans la journée comme le soir, il fallait presque toujours se déplacer à pied, cela prenait une heure ou plus, surtout au retour s'il l'on avait un peu forcé sur la bière. De plus, en hiver, dans la neige, ce n'était pas toujours facile.

Si on ne fréquentait pas les Allemands, on parlait avec eux, question de circonstances. La piscine municipale, par exemple, était le principal lieu de rencontre, surtout pour les plus jeunes ; des flirts y sont nés entre les plus âgés. Comme je l'ai déjà signalé, nous étions beaucoup à avoir une bicyclette, les jeunes de 1964 n'en parlent pas. J'avais 12 ans à cette époque-là et au cours des balades que nous faisions en campagne, mes amis et moi, nous traversions des villages et nous y arrêtions parfois pour nous désaltérer. Nous parlions avec les gens. Nous y allions aussi, plus tard, en voiture, à l'occasion de fêtes, notamment de bals au moment du carnaval. Nous partions encore en bus, à pied ou en vélo, pour aller camper dans la forêt près de Gerolsau, un village à la sortie de Baden-Baden. Il y avait une cabane municipale, aménagée pour faire des barbecues, qu'il fallait réserver à l'avance. Il nous arrivait parfois d'y partager quelques instants avec des Allemands qui festoyaient ou d'autres qui nous rejoignaient quand c'était nous qui avions retenu la baraque.

Nous allions aussi souvent dans un café qui disposait d'une petite piste de bowling que nous réservions de temps en temps ; nous étions les seuls Français à le faire. Peu de jeunes s'intéressaient à ce sport, les Allemands qui jouaient étaient plus âgés que nous. C'étaient toujours les mêmes personnes, on se connaissait et il nous est quand même arrivé de faire des parties ensemble. Dans les cafés, l'ambiance était plutôt sympathique. À la Brasserie Löwenbrau où nous allions, par exemple, les clients étaient souvent des habitués. Je me souviens d'une fois où au cours de la conversation, un de mes amis, je ne sais plus pour quelle raison, a commencé à chanté Joyeux Anniversaire, les amis ont repris en chœur. Les Allemands présents ont demandé qui fêtait son anniversaire et on m'a désigné. Les Allemands sont venus me congratuler et ont payé des tournées de bière. Tout cela se vivait dans un esprit bon enfant, mais c'est un fait, on ne se fréquentait pas pour autant, aucun lien ne se créait.

Il y avait une Maison des Jeunes Allemandes, mais les Français n'y allaient pas. On la voit dans le reportage de Jean-Claude Bringuier. Je m'y suis rendu quelques fois, vers 1969-70 (j'avais 17-18 ans) ; je me sentais isolé, pas très à l'aise. En fait, pour se fréquenter, il fallait une volonté de fer, des barrières mentales nous en empêchaient.

Néanmoins, beaucoup de Français fréquentaient des Allemands. Certains avaient des liens familiaux avec eux, d'autres y travaillaient pendant les vacances et, dans diverses circonstances, il est possible que des amitiés solides se soient créées. Mais, d'une certaine façon, ces Français avaient dépassé le cadre purement FFA pour s'intégrer dans la société allemande, comme ceux qui s'y sont mariés ou d'autres qui, par la suite, ont choisi de vivre en Allemagne. Dans l'ambiance des FFA, on pouvait flirter avec les Allemands, danser, boire des bières ensemble, mais je ne crois pas que de grandes amitiés soient sorties de ce milieu. C'étaient plutôt deux communautés qui se côtoyaient courtoisement, sans plus.

Faiblesses de la communication

Il est bien dommage que, à l'instar des Américains ou des Canadiens, il n'ait pas existé de radio FFA. Elle aurait sans doute permis de montrer aux Français ce qu'était l'Allemagne sous un jour différent. Elle aurait pu ainsi combler les lacunes de l'enseignement qui parlait peu de l'Allemagne, sauf dans les cours de langue. Dans les établissements scolaires FFA, il aurait fallu se démarquer des programmes nationaux. Un cours de civilisation allemande (histoire, culture, littérature) eût été de toute première importance pour les Français qui vivaient dans le pays, bien que temporairement pour la plupart et, surtout, pour les nouveaux arrivants. Mais l'esprit français, j'entends du point de vue institutionnel, était-il prêt à cela ?

La proximité des médias français a sans aucun doute été un obstacle à création d'une radio FFA. À Baden, on recevait les chaînes françaises qu'on regardait plus que la chaîne allemande, par facilité. On ne connaissait pas encore la télécommande et il fallait se lever pour tourner le bouton et tenter de trouver, tant bien que mal, les canaux. Ce n'était pas le cas de toutes les villes d'Allemagne. Quand cela était possible, on se tournait alors vers les chaînes francophones proches, du Luxembourg, de la Belgique ou de la Suisse ; à Trier (Trèves), on prenait Télé Luxembourg, toutefois, les cités situées dans des villes trop éloignées n'avaient accès à aucune chaîne francophone.

On écoutait aussi beaucoup la radio, mais là encore, c'était les radios françaises qui prenaient le pas. On écoutait Radio Luxembourg et surtout Europe nº 1 dont l'émetteur – monopole d'État oblige – se trouvait sur le territoire allemand, en Sarre. On écoutait « Salut les Copains » de Daniel Filippachi ou « Dans le vent » animé par Hubert Wayaffe, émissions que la moitié sud de la France ignorait totalement, car on ne pouvait y capter ces radios. Quand on passait sur les radios allemandes, la *Südwestfunk*, par exemple, on entendait pratiquement les mêmes chansons anglaises ou américaines, à cette différence près que les Allemands étaient restés plus traditionnels. Peu de Français adhéraient à la *Stimmung Musik*. On pouvait aussi écouter les radios des bases américaines ou canadiennes qui, elles, diffusaient des musiques différentes ; le folk-song et la country music m'intéressaient particulièrement. On essayait de capter Radio Caroline, la première radio pirate d'Europe (anglaise).

Le Cercle franco-allemand

Les institutions n'étaient guère d'utilité aux relations, par leur caractère trop officiel qui ne favorisait pas la spontanéité. C'est le cas du Cercle Franco-allemand (*Deutsch-Französich Gesellschaft*) de Baden-Baden, créé en mai 1956. Il était peu fréquenté par les Français et encore moins par les jeunes. Il m'est arrivé parfois de m'y rendre, mais on y trouvait une ambiance mièvre, ringarde et peu motivante. Je me rappelle notamment de la présentation d'une petite formation de jazz qui donnait l'impression que le Cercle était resté dans un esprit des années 40 ou 50.

En 1969, s'y déroula en direct le hit-parade de France-Inter animé par Gérard Klein. Présenté comme le choix des jeunes du Cercle, on avait classé des artistes français et allemands très politiquement corrects avec, entre autres, Mireille Mathieu, symbole de la chanson française dans le monde à l'époque, et Barbara (*Göttingen*). C'était totalement artificiel, sans rapport avec les goûts des jeunes français et allemands qui, apparemment, n'avaient pas été consultés. Si les responsables du Cercle avaient voulu attirer du monde, et les jeunes en particulier, avec cette manifestation, c'était raté : en 1990, le Cercle n'était fréquenté que par un Français sur dix[66].

41 - Ancien Cercle Franco-Allemand (photo prise en 2013)

La Gazette de Baden-Baden

C'était aussi une question de mentalités. En avril 1968 parut le nº 1 de *La Gazette de Baden-Baden*, sous-titrée *Moderner Spiegel einer alten Stadt /Reflet moderne d'une ville ancienne.* La publication, mensuelle et bilingue, comprenait une dizaine de pages[67]. Elle était exclusivement financée par la publicité de commerces allemands de Baden-Baden et par la vente (DM 0,60/ FF 0,75).

---

[66] GUTH, Sylvie, *Op. cit.*, p. 166.

[67] *La gazette de Baden-Baden*, nº 1, avril 1968.

Il s'agissait d'un *deutsch-französiche Kultur Zeitung /Journal culturel franco-allemand* dont le but était de mettre en valeur la ville et la Forêt Noire, de renforcer les liens entre Français et Allemands et de promouvoir les rencontres, notamment au Cercle. Un billet du n° 3 disait :

> « Vous êtes environ 6000, issus des 4 coins de France et vous avez la lourde tâche de représenter votre pays auprès des Allemands. Certains journalistes locaux ont prétendu que vous viviez dans un ghetto, pour reprendre leurs propres termes. Il faut reconnaître que la vérité n'est pas bien loin. Pourquoi ? Et bien parce qu'il est devenu flagrant que les Cités Françaises se suffisent à elles-mêmes[68]. »

En avril, l'épouse du généralissime des FFA, Jacques Massu, organisa un « Thé des Dames » et déclara : « Par cette réception, nous avons vu donner la preuve que nous, Françaises, ne vivons pas dans un ghetto »[69]. Le mois suivant, la Kermesse permit la rencontre de jeunes Français et Allemands, et le billet concluait ainsi :

> « Vous trouverez dans nos pages, tout ce qu'il convient de savoir sur la vie de la Cité, sur ses activités, sur tout ce qu'elle met à votre disposition. Ainsi vous écouterez battre le cœur de la ville et pour un temps vous vous sentirez « badenois », accepté et aimé de la population[70]. »

---

[68] *Idem*, nº 3, juin 1968.

[69] *Idem*, nº 2, mai 1968.

[70] *Idem*, nº 3, juin 1968.

LA GAZETTE DE BADEN BADEN

Moderner Spiegel einer alten Stadt
Reflet moderne d'une ville ancienne

APRIL AVRIL 1968 — MENSUEL **No. 1** MONATLICH — PREIS PRIX 0,60 DM

Lettres de…

Baden-Baden, 29. Februar 1968

Zum Erscheinen der ersten Ausgabe der „Gazette de Baden-Baden" gelten den Initiatoren ebenso wie dem Verlag, der Schriftleitung und den Mitarbeitern die herzlichsten Wünsche für eine gedeihliche Entwicklung dieser Zeitung im Sinne der deutsch-französischen Verständigung. Die „Gazette de Baden-Baden" kann und soll ein wichtiges Bindeglied zwischen Frankreich und Deutschland werden und eine zusätzliche unsichtbare Brücke über den Rhein schlagen. Ihre Aufgabe erblicke ich neben dem politischen Bereich vor allem auf kulturellem Gebiet, daneben soll sie aber auch wirtschaftlichen Informationen, die für unsere Völker von ausschlaggebender Bedeutung sind, dienen. Baden-Baden kann es für sich in Anspruch nehmen, seit dem Ende des zweiten Weltkrieges Schrittmacher auf dem Wege der Verständigung zwischen Frankreich und Deutschland gewesen zu sein. Den Erfolg dieser Arbeit sehen wir mit Freuden in dem ständig wachsenden Reiseverkehr in beiden Richtungen. Möge die neue Publikation, die bisher erreichten Ziele auszubauen und zu festigen helfen und damit aus der internationalen Atmosphäre unseres Kurortes eine wichtige Etappe im Ringen um den immer wieder bedrohten Völkerfrieden bilden.

Seydel
Kurdirektor

Menton, le 23 Février 1968

A Menton et sur la Côte d'Azur, nous apprenons avec satisfaction, la parution à BADEN-BADEN, du premier Journal franco-allemand.
Nous nous en réjouissons à plus d'un titre.
Les relations nouées depuis 1961 entre nos deux Villes, Stations internationales de Tourisme, se sont affermies, et ce Journal pourra faire mieux connaître encore les activités mentonnaises.
En favorisant une meilleure connaissance réciproque des deux langues, il constitue un facteur essentiel de rapprochement.
La présence de l'Armée Française à BADEN-BADEN a, par ailleurs, créé des liens particuliers et féconds. Nulle ville, mieux que votre capitale de la Forêt Noire, n'était qualifiée pour tenter cette expérience que nous souhaitons pleinement réussie.
Ce Journal s'adresse d'abord à la jeunesse pour qu'elle apprenne à vivre à l'heure de notre Amitié.

le Maire de Menton:
Francis PALMERO
Député des Alpes-Maritimes
Président du Conseil Général

HIER et AUJOURD'HUI — GESTERN und HEUTE

„Es gibt eine Stufe der Kultur, wo der Nationalhaß ganz verschwindet und wo man gewissermaßen über den Nationen steht, und man ein Glück oder ein Wehe seines Nachbarvolkes empfindet, als wäre es dem eigenen begegnet."

Goethe am 14. März 1830

„Il y a un degré de civilisation où la haine des nations n'existe plus, où l'on est pour ainsi dire placé au-dessus des nations, et où l'on ressent le bonheur et le malheur de la nation voisine comme s'ils étaient arrivés à la sienne propre."

Goethe, le 14 mars 1830

ARTS

TOURISME

SPECTACLES

LOISIRS

757 Baden-Baden — Sofienstraße 35 — Konto Sparkasse 3678
— Jean-Marc Culas —
deutsch-französische Kulturzeitung

42 - *La Gazette de Baden-Baden,* 1968 (Archives familiales)

Thè des Dames chez Madame J. MASSU: „Par cette réception, nous avons voulu donner la preuve que nous, Françaises, ne vivons pas dans un ghetto."

Damentee bei Madame MASSU: „Mit diesem Empfang wollen wir beweisen, daß wir Franzosen nicht wie in einem Ghetto leben."

43 - Thé des Dames. *La Gazette de Baden-Baden*, 1968
(Archives familiales) Mme Massu est debout.

Combien de numéros ont-ils paru ? Difficile de le savoir. Peut-être trois seulement. La revue fut très bien accueillie, tant côté allemand que français, mais elle n'était pas du goût de tout le monde et, tout de suite, elle a eu ses détracteurs, des Français. Le rédacteur en chef, Jean-Marc Culas, créateur de la revue, dut faire une mise au point dès le nº 3.

L'initiative était pourtant, bonne, généreuse. Le contenu était tout à fait anodin, rien qui puisse soulever des controverses. Il faut croire que chez certains membres des FFA un esprit anti-allemand persistait encore en 1968.

Évolution : la seconde génération

Pour la seconde génération FFA, je pense, ce fut différent grâce au processus d'intégration européenne. La création de la Communauté Économique Européenne (1957) et ses élargissements successifs (dont le premier eut lieu en 1973), l'élection des députés du Parlement européen au suffrage universel direct (1979), l'abolition des frontières avec les accords de Schengen (1985), la signature de l'Acte Unique (1986) sont autant de moments qui ont contribué à insuffler une forte conscience européenne. On ne voyait donc plus l'Allemagne de la même façon. Par ailleurs, la culture allemande fit un bond en avant sur la scène internationale. Ce fut avant tout grâce à la nouvelle vague du cinéma des années soixante-dix dont sortirent des réalisateurs restés célèbres (Rainer Werner Fassbinder, Wim Wenders, Werner Herzog) ou des acteurs emblématiques (Hanna Schygulla, Bruno Ganz, Klaus Kinski). Cet essor permit de découvrir, ou redécouvrir, des auteurs tels que Rainer Maria Rilke, Thomas Mann, Robert Musil, Franz Kafka, Erich Maria Remarque, Stefan Zweig, Heinrich Böll, parmi tant d'autres, sans citer les classiques. On peut voir cette idée dans le témoignage de cet ancien enfant des FFA qui était à Trèves au début des années 90 :

> « Je suis né en Allemagne, dans une belle région du Rheinland-Pfalz [...] Je garde une tendresse particulière pour le cinéma allemand (Schultze gets the Blues, Lola Rennt), la poésie allemande (Goethe, Schiller, Heine), les romans allemands (Heinrich Böll, Thomas Mann) et le vin de Moselle. Mais je me soigne[71]. »

L'« effet européen » s'est également fait sentir côté allemand puisque 71 % des lycéens de Baden-Baden apprenaient ou parlaient le français en 1990[72]. Près de 78 % des jeunes étaient allés en France et la moitié considérait que les relations avec les Français étaient identiques à celles que l'on pouvait entretenir avec des compatriotes[73]. On peut toutefois se demander si ces personnes ne

[71] septembre.us/h/gimme-five (Consulté en 2009).

[72] GUTH, Sylvie, *Op., cit.*, p. 174.

[73] *Idem*, p. 175.

cherchaient pas à être tout simplement aimables avec la sociologue française en lui donnant de telles réponses.

Le développement et les progrès des moyens de communication (TV, radios FM, titres de journaux et revues, etc.) ont probablement ouvert à la seconde génération des possibilités que la première n'avait pas eues. C'était une tendance générale. Ainsi, une grande partie des FFA (adultes), consultés par S. Guth, affirmait suivre l'actualité allemande par la télévision, les journaux, les sorties culturelles (était-ce seulement vrai ?).

Néanmoins le bilan global des relations dans les années 80 serait mitigé. Les lycéens français et allemands regrettaient le manque de contacts entre eux. C'était pire chez les adultes.

La qualité et l'intensité des relations franco-allemandes dépendaient donc de la connaissance de la langue et la majorité des Français ne parlaient pas l'allemand. C'est uniquement grâce à cette connaissance que des relations amicales, affectives et même conjugales et familiales, entre les communautés ont pu s'établir[74]. Cependant, comme pour les rapports franco-français, la courte durée de présence sur le sol allemand de la plus grande partie des FFA, en plus de la pratique de la langue, a rendu très difficile la construction de relations profondes et durables.

Néamoins un changement notable semble s'être produit au cours des générations. D'après S. Guth, 200.000 Français vivaient en Allemagne en 1987. Il est malheureusement difficile de faire la distinction parmi eux entre les émigrés et ceux issus des FFA[75].

Par ailleurs on constate dans le livre de la sociologue que, au crépuscule du XXe siècle, les images mutuelles entre Français et Allemands étaient encore remplies d'idées reçues comme le « je-m'en-foutisme » et la baguette de pain pour les premiers, l'ordre, la rigueur et la froideur pour les seconds[76]. En somme, un demi-siècle de « convivialité » franco-allemande, rendue possible par la présence des forces françaises, n'a pas réussi à transformer les mentalités de part et d'autre. C'est bien triste.

---

[74] *Idem*, 140-141.

[75] *Idem*, 115-116.

[76] *Idem*, pp. 174-177.

L'éternel rappel du passé

Qu'on le voulût ou non, pour les personnes de la première génération, le fantôme de la guerre planait encore. C'était, pour employer des termes diplomatiques, l'entente cordiale. Il y avait souvent dans le regard des Allemands comme un reproche, une rancœur bien naturelle vis-à-vis de la présence française. Certains Français ressentaient parfois une gêne, se sentant « déplacés », même dans des situations de la vie courante comme l'achat dans les magasins. Ces attitudes se sont estompées avec le temps, mais pas autant qu'on le croit. Le problème de l'éternel rappel du passé, autant de la part des Allemands que des étrangers, est encore un facteur qui dépasse le cadre des relations entre les FFA et la population allemande.

On voit bien ce qui se passe avec les Allemands quand ils sont en contact avec les étrangers. On les insulte, on leur rappelle immanquablement le passé nazi, on les en rend toujours coupables et c'est d'autant plus insupportable pour les jeunes qui n'ont pas vécu cette époque-là. On croit que cela est terminé, mais c'est faux. Faut-il rappeler que les Allemands ont été exclus des commémorations des 50e et 60e anniversaires du débarquement en Normandie et qu'en 2004 seulement, sur invitation de Jacques Chirac, Gerhard Schröder a pu y être présent[77].

Personnellement, étant fréquemment en contact avec des étrangers, il suffit qu'on parle de l'Allemagne pour que, presque aussitôt, systématiquement, on en vienne à parler d'Hitler et des nazis. Plus que pénible, c'est fatigant. Et comme les jeunes Allemands du reportage, moi qui me sens aussi concerné, je suis presque toujours « obligé » de remettre les pendules à l'heure, de défendre l'Allemagne et les Allemands d'aujourd'hui, face aux tenaces idées reçues. En 1984, soit vingt ans après le reportage, j'ai moi aussi vécu une situation « pénible ». J'étais à Rio de Janeiro pour mes recherches

[77] Commentaires de Vincent Casanova à un document vidéo sur les commémorations du débarquement en Normandie. Fresques. Ina.fr/jalons/fiche-media/InaEdu04004?video=InaEdu04004 (Consulté en 2013).

universitaires et dans l'hôtel où j'étais, au moment du petit déjeuner, je me suis retrouvé à table en face d'une jeune touriste allemande. On parlait lorsqu'est apparu un Brésilien qui, en nous entendant parler allemand (il a certainement cru que je l'étais aussi), s'est mis à nous crier dessus en faisant le salut hitlérien. Nous nous sommes regardés avec l'Allemande et il y avait dans ses yeux à la fois tristesse et incompréhension. Pour ma part, étant français un peu allemand et brésilien à la fois, je me suis senti particulièrement gêné et je me suis excusé pour lui auprès de la jeune touriste et lui ai dit : « *Sorgt sich nicht, er weiß nicht was er macht, er ist dumm* » (Ne fais pas attention, il ne sait pas ce qu'il fait, c'est un imbécile). Que pouvais-je dire d'autre ? Ce sont des moments que l'on n'oublie jamais, déjà moi en tant que Français, alors pour un Allemand...

Dans ce contexte, on peut revenir un brin sur la question des contacts entre jeunes français et allemands de 1964. J.-C. Bringuier ira demander aux Français si la guerre entre les Français et les Allemands, joue un rôle dans leurs rapports. La réponse est immédiate et unanime : Non, je ne crois pas, pas du tout. Il élimine la guerre comme cause de l'absence de contact avec les Allemands. La réponse, cependant, est surprenante : on l'a vu, la guerre fait partie de la vie des jeunes français FFA. Elle est la cause de leur présence en Allemagne, ils vivent dans un milieu militaire, on est en pleine guerre froide avec les affaires de Cuba et du mur de Berlin. Les jeunes français ne questionnent rien à ce sujet, au contraire des jeunes allemands. Mais il est presque sûr, du moins pour certains, que même de forme inconsciente la position de vainqueur de la guerre face aux vaincus a eu de l'influence dans les relations.

Mais il ne faut pas oublier que, en 1964, pour les Allemands, le sentiment d'occupation par les troupes étrangères, et les familles et les civils qui les accompagnaient, est un poids. L'insistance que montre l'un d'entre eux à désigner exclusivement les Américains, les Anglais et les Français pour parler des étrangers dit bien cela. Les Allemands ne fréquentaient pas les Français des troupes d'occupation, mais ailleurs, où il y en avait, fréquentaient-ils les Anglais et les Américains ? Je ne le crois pas, pour les mêmes raisons que pour les Français : les personnes n'étaient présentes que pour un temps limité et étaient cantonnées dans leurs bases ou leurs quartiers.

On a vu à plusieurs reprises que, toutes époques confondues, la courte durée des séjours, la rotation permanente des individus rendaient difficiles la création de véritables amitiés entre Français. Avec les Allemands, donc, et pas seulement à cause de la langue, les relations étaient encore plus compliquées. Comment aurait-il pu se créer des amitiés franco-allemandes durables dans un laps de temps si court ? Les relations existaient, mais elles étaient superficielles, bien plus que dans le cas des Français entre eux.

La population de nulle part

Le nazisme, les camps de concentration, la guerre, l'occupation par les troupes étrangères et la division de l'Allemagne forment le bouillon dans lequel baignent les Allemands de la première génération d'après-guerre et il est la source de leur malaise, de leurs souffrances. Il est inutile de s'étendre sur leurs pensées, leurs sentiments que l'on peut résumer par ces questions : comment vivre avec le poids d'un tel passé, comment en effacer les traces et empêcher que cela recommence ? En bref : comment vivre libre ?

Face à un tel cauchemar, la condition des Français d'Allemagne paraît bien futile. La futilité se remarque d'ailleurs dans toutes les interventions de jeunes de 1964, même si les questions du journaliste ne les poussent pas à approfondir les sujets abordés ou si, de leur propre chef, ils ne cherchent pas à l'aiguiller sur des thèmes plus importants de leur vie. L'insouciance les domine, ils sont dans le cocon doré et ils n'ont pas grand-chose à faire. En somme, ils se laissent vivre sans chercher plus loin. Et même si dans le reportage, certains Français ou Allemands déclarent que, au fond, ils ne sont pas si différents les uns des autres, c'est là que repose toute leur différence : ils sont, mentalement, à des années-lumière les uns des autres. La réflexion sur leur passé et sur eux-mêmes et le devenir de leur pays apporte aux Allemands une maturité intellectuelle que ne peuvent avoir les Français, profondément matérialistes, petits-bourgeois parqués dans un milieu militaire très contraignant. Ils n'ont pas la même vision du monde, leurs préoccupations ou leurs intérêts ne sont pas les mêmes. Tout dialogue, en fait, est impossible.

On peut toutefois conclure en imaginant ce qu'auraient pu être les relations entre les jeunes Français et Allemands, si les conditions de vie quasi militaire des Français et l'idée de l'occupation pour les Allemands ne les avaient entravées. Peut-on imaginer que, chacun étant plus attentif aux autres, ils auraient pu apprendre à se connaître, à partager leur vie, à échanger leurs points de vue sur eux-mêmes et le monde. Les Allemands auraient pu apporter aux Français l'ouverture, les activités et la maturité intellectuelle qui leur manquaient, et cela leur aurait sans doute fait du bien de sentir que les Français, en retour, les comprenaient ; cela aurait pu les aider à surmonter le malaise qui les habitait. L'idée est belle et généreuse, mais à l'époque, vue maintenant par la lorgnette un demi-siècle après, ce n'était rien d'autre qu'une belle utopie.

On retrouve ici l'importance du reportage de Jean-Claude Bringuier, également document historique, annoncé au début. Il nous aide à comprendre comment s'agencent certains des éléments qui vont constituer le socle sur lequel s'établissent les relations franco-allemandes *in loco* pour les quarante années suivantes, jusqu'au départ des troupes françaises. Les « cités » ont créé la rupture entre Français et Allemands à un moment où les gouvernements cherchaient à resserrer les liens entre les deux pays. Mais on peut se demander si les autorités avaient vraiment le choix. Je ne le crois pas.

En 1960, la population allemande de Baden-Baden était de quarante mille âmes[78]. L'installation massive de six ou huit mille Français dans le milieu allemand aurait complètement transformé la ville. Elle serait ainsi devenue une ville franco-allemande, avec tous les changements culturels que l'on imagine. Les gens étaient-ils prêts à accepter ce mélange, d'un côté comme de l'autre ? Cela n'aurait-il pas nui à la cohésion des troupes et des éléments civils nécessaire au maintien de l'ordre politico-militaire français ? Cela n'aurait-il pas encore plus atteint l'amour-propre des Allemands en leur donnant, plus que le sentiment d'occupation, celui d'invasion ? Bien sûr, au fil du temps, les habitants se seraient adaptés, les liens se seraient créés au point sans doute de ne former plus qu'une seule population mixte. La notion de relations franco-allemandes aurait alors perdu tout son

---

[78] de.metapedia.org/wiki/Baden-Baden.

sens. Et au moment du départ des troupes, combien de Français, devenus aussi Allemands, seraient restés ? Je laisse au lecteur le soin de penser à cette situation.

Il est, toutefois, un point important à relever. Les Français des FFA représentaient le quart de la population du territoire (*Landkreis*) badenois, ce qui n'était pas rien. Ils n'étaient pas enregistrés par les services de statistiques et de démographie de la République fédérale, comme l'étaient les Grecs, les Italiens ou les Yougoslaves : en somme, c'était comme s'ils n'étaient pas là[79]. Le statut particulier des membres des FFA faisait qu'ils n'étaient pas des ressortissants étrangers installés dans le pays tout en y étant présents. Les objectifs politico-militaires de défense prévalaient sur les relations franco-allemandes. C'est donc à partir de ce statut qu'il faut interpréter la vie de ces Français en Allemagne et leur difficulté à exister entre deux pays, deux cultures, dans un cadre qui n'est pas celui de l'immigration. L'ambiguïté qui règne sur de nombreux points rend cette interprétation difficile. Je n'ai pas retrouvé de document indiquant combien de temps les troupes françaises d'occupation devaient rester en Allemagne ; il est certain que cela ne pouvait être que provisoire. Par les conséquences de l'Histoire, et sous d'autres appellations, le provisoire a duré un demi-siècle, temps pendant lequel les Français d'Allemagne semblent n'avoir vécu nulle part.

---

[79] *Ausländische Bevölkerung in Baden-Württemberg seit 1950 nach ausgewählter Staatsangehörigkeit*. www.statistik.baden-wuerttemberg.de. Il en est de même pour les Anglais et les Américains.

3. LE LYCÉE CHARLES DE GAULLE

J'ai commencé à écrire ce texte au Brésil, fin 2007. Quelque temps plus tard, dans la maison familiale en France, dans des affaires laissées par mon père décédé, j'ai découvert les carnets de notes du temps où il enseigna au lycée de Baden-Baden de 1968 à 1974. Il y avait aussi un carnet relatif à l'établissement de Trèves pour l'année 1966/67 sur lequel il y a beaucoup moins à dire.

Le « trésor »

Je les ai ouverts, feuilletés. J'avais sous mes yeux le nom de centaines d'élèves. J'y retrouvais celui de certains de mes camarades, de leur frère ou de leur sœur. J'essayais de me souvenir des visages. J'essayais aussi de me rappeler le nom de ceux qui n'étaient pas dans ces carnets. J'ai revécu mes années de lycée, les bons, les mauvais moments. J'ai revu les profs, le dirlo, le « surgé » (surveillant général). Je me suis surpris à rire devant des situations. Je me suis assombri au souvenir de ceux qui n'étaient plus là. J'ai imaginé ce que ces enfants étaient devenus. Ceux que j'avais suivi quelques années. Ceux dont je connaissais la vie d'aujourd'hui sans les avoir revus, par personne interposée. Ceux dont j'aurais bien voulu garder la trace sans avoir pu le faire. Ceux que j'avais retrouvés au hasard de la vie. Je me suis souvenu de cette amie, rencontrée trente ans après, qui m'a dit à la table d'un restaurant africain de Marseille : « J'ai eu ton père comme prof » . Comme si cette phrase, ce souvenir, plus qu'une empreinte de nostalgie, était le témoignage du temps qui s'était écoulé, du passé révolu. Tout a défilé devant moi en quelques instants. J'ai pensé à tous ceux qui recherchent leurs copains d'enfance : c'était là un véritable trésor.

Mais j'ai compris que c'était plus que cela. Où peut-on aujourd'hui trouver une telle source ? L'Éducation nationale a-t-elle conservé, quarante après, les enregistrements des enfants qui sont passés par les établissements français d'Allemagne ? Si c'est le cas, leur accès est-il facile ? J'en doute. Si ce n'est pas le cas, alors les carnets de notes de mon père constituent un document historique inestimable, peut-être unique. Ils représentent un pan de la vie de ceux qui ont fait tout ou partie de leur scolarité à Charles de Gaulle, un témoignage de la vie de l'établissement.

Les carnets de notes

En gardant ses carnets de notes mon père nous a donc laissés un bien précieux. Mais que nous apprennent-ils ?

La période couvre les années scolaires 1967/68-1973/74, soit six ans de la vie de l'établissement qui comprenait le collège et le lycée. Mon père enseignait les sciences naturelles. Il n'était pas le seul à le faire. Mais à un moment donné, que ce soit en 6e, 5e, 4e ou 3e, les élèves passaient par mon père. Certains l'eurent plusieurs fois comme professeur, voire plusieurs années consécutives. Dans les classes du lycée, c'était différent. La matière était au programme des premières des sections scientifiques (C et D) et économique (B), mais pas à celui de la section littéraire (A). On ne retrouve donc pas les noms des élèves du lycée des premières A.

On peut considérer néanmoins que les élèves du collège se répartissaient ensuite dans les sections du lycée et donc nous en connaissons une grande partie pour les années 70/71 à 73/74. Pour les années 1967/68 et 1969/70, il y aurait un manque en ce qui concerne les élèves de seconde, première et terminale. J'étais moi-même dans l'établissement de la 3e jusqu'en terminale A au cours de la même période et je n'y figure pas.

Il faut aussi tenir compte des élèves qui arrivaient de France ou d'ailleurs et étaient inscrits au lycée, à différentes époques et niveaux. Ceux-là, nous ne pouvons en connaître le nom par les carnets.

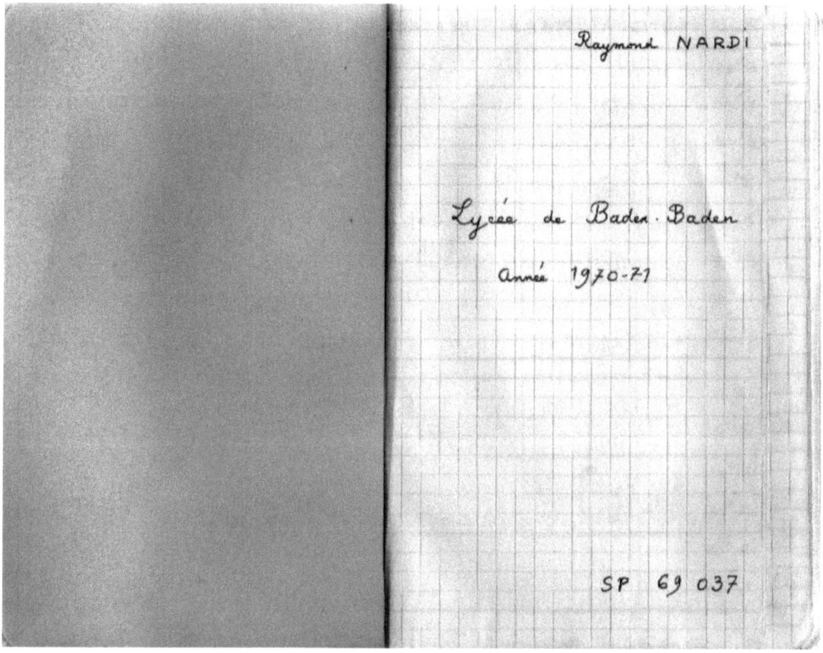

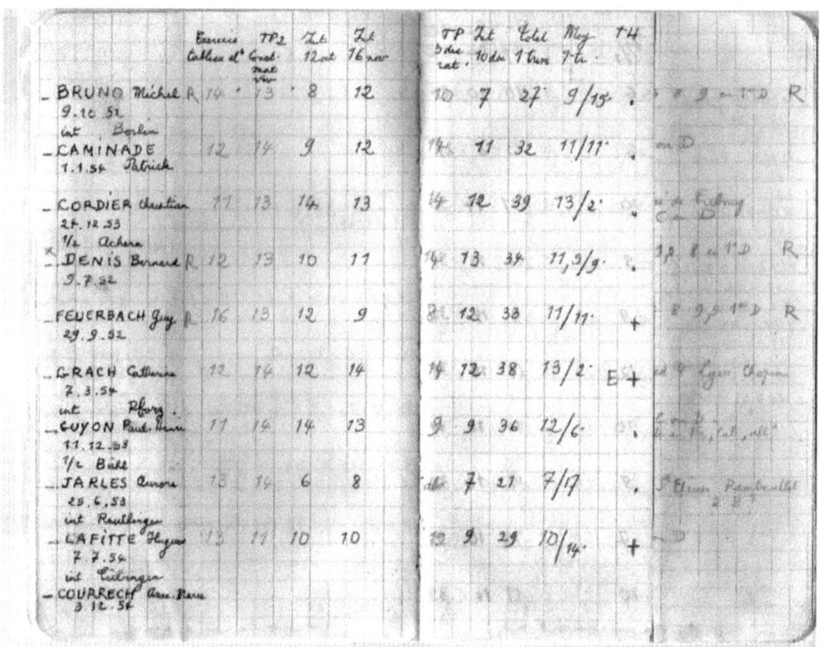

44-45 - Quelques pages de carnets de notes de Raymond Nardi

Le carnet de l'année 1969/70 avait été mouillé et quelques pages étaient partiellement effacées. Par recoupement, j'ai pu identifier des élèves sur lesquels les informations étaient incomplètes. Pour les autres, il subsiste des doutes. Hormis ceux-là, nous disposons d'un total de 1.175 noms d'élèves. En moyenne, cela faisait 200 élèves dont environ deux tiers en collège et le reste en lycée. Cela représente peut-être 20 % du total des effectifs.

Grâce aux dates de naissance, nous savons que ces élèves étaient nés entre le 16/9/1948 et le 22/11/1962 soit un ensemble qui couvre 14 ans d'une même génération, celle que j'ai appelé la première. La plupart n'étaient sans doute pas nés en Allemagne. Il est impossible de connaître cette donnée.

La dispersion des élèves

Mon père notait en principe la provenance des élèves. Mais ce n'était pas systématique. Il ne l'avait pas fait pour la première année d'enseignement à Baden. Si l'on ignore cette année-là et quelques omissions qu'il ait pu commettre, on trouve 938 élèves dont 646 habitaient Baden-Baden, soit les deux tiers. Sur les 292 restants, la grande majorité venait des villes voisines de Rastatt (63), Bühl (49) Achern (40) et Pforzheim (16). Dans les deux premiers cas, les élèves étaient généralement demi-pensionnaires. Dans les autres cas, ils étaient pensionnaires à l'internat qu'offrait l'établissement et dont les salles donnaient directement sur l'arrière, à la bordure de la forêt. Parfois, pour échapper à l'internat, certains de ceux qui venaient de loin étaient hébergés chez des familles amies.

On constate aussi que beaucoup d'élèves de lycée venaient de Bad Godesberg (14), où étaient logés les ressortissants qui travaillaient à l'ambassade de France à Bonn, et aussi de Berlin (10). Ceci est intéressant, car il existait des lycées français plus proches, à Trèves et à Berlin. L'absence d'internat à Trèves peut expliquer cela, mais pas pour Berlin. Il faut dire que le Lycée Charles de Gaulle jouissait d'une excellente réputation parmi les établissements français d'Allemagne, mais aussi de France, pour la haute qualité de son enseignement. Ceci peut expliquer le choix de certains parents, qui n'étaient peut-être pas

FFA, d'envoyer leurs enfants au lycée de Baden. Au total, les élèves venaient de 34 villes allemandes.

Quelques-uns arrivaient de France (25) ou d'Afrique (3). On y rencontrait aussi des élèves de nationalités différentes : Allemands, Américains, Italiens. Pour les Allemands, c'était souvent des enfants de couples mixtes. Pour les autres, c'était probablement un choix lié à la situation des parents.

Notons que le Lycée Turenne de Fribourg s'approchait probablement de celui de Baden, plus que tout autre. Il rassemblait des élèves venus d'autres villes situées plus au sud de l'Allemagne et, pour cette raison, il y avait, comme à Baden, un internat.

L'établissement

On a là une configuration tout à fait originale qu'aucun lycée au monde ne peut se targuer d'avoir ou d'avoir eu.

Ce qu'on appelait familièrement « le lycée », représentait aussi bien le lycée proprement dit que le collège. La réunion collège-lycée au sein d'un même établissement est commune à la plupart des établissements scolaires français à l'étranger, que l'on désigne généralement par « école française » ou « lycée français ». La particularité du Lycée de Baden était d'avoir, en plus, une section technique que l'on désignerait aujourd'hui par collège ou lycée d'enseignement professionnel.

Le lycée se situait entre les « cités » et la forêt. Le terrain était immense avec une superficie totale équivalente à, peut-être, quatre terrains de football et une façade de plus de 300 m. Les bâtiments étaient nombreux, entre partie administrative, salles de classe, labora-

46 - Vue aérienne du Lycée Charles de Gaulle, d'après une image de Europa technologies, GeoCantoni, Google Earth, 2004

47 - Lycée Charles de Gaulle (photo prise en 2013). Les principaux bâtiments ont été conservés

toires et ateliers techniques, internat garçons et filles, cuisine et réfectoire. L'établissement était presque une cité à lui tout seul. Chose totalement exceptionnelle pour l'époque, le lycée disposait d'un stade et d'un gymnase. Pendant les cours de gym, on pouvait jouer au foot ou au handball, aller courir en forêt ou encore faire des enchaînements au sol et aux agrès. Quand on se souvient – et cela existe encore trop souvent aujourd'hui – que les collégiens et lycéens de France ne disposaient même pas d'un terrain vague pour pousser le ballon, on se rend compte à quel point ceux de Baden étaient privilégiés

Pour entrer, il fallait passer par deux portails. Le premier donnait sur l'aire de stationnement des véhicules que l'on traversait pour accéder au second qui était fermé après l'heure du début des cours. L'élève qui arrivait en retard devait alors passer par l'entrée des professeurs et s'expliquer devant un responsable administratif.

La cour était commune, mais les bâtiments du lycée technique étaient légèrement en retrait, pour des questions pratiques (ateliers), ce qui renforçait ou ne contribuait pas à atténuer le mépris pour ses élèves que j'ai évoqué plus haut. Je n'ai pas le souvenir qu'il ait existé une réelle séparation entre le lycée et le collège, comme elle peut exister dans d'autres établissements où il y a, par exemple, des étages réservés, la cour des grands et des petits. Il me semble que la plupart des bâtiments et des salles étaient communs, sans doute y en avait-il quelques-unes à part. Mon père n'avait d'ailleurs qu'un seul carnet de notes pour toutes ses classes.

48 - Lycée Charles de Gaulle, années 60, cour extérieure

49-50 - Lycée Charles de Gaulle, cour intérieure années 60

La vie dans et autour du lycée

Bien qu'il fût situé en bordure des « cités », il était, d'une certaine façon, au centre de la vie des Français de Baden. Et c'est là, à mon avis, que se situe un aspect fondamental de la « personnalité » du Lycée Charles de Gaulle. Les deux tiers des élèves habitaient autour de l'établissement, dans un rayon de deux ou peut-être trois kilomètres. C'est, je crois, une situation unique. On est loin d'une situation française où les élèves sont dispersés dans des quartiers plus ou moins éloignés, surtout dans le cas des lycées, moins nombreux que les collèges. Par son imposante masse, on pouvait pratiquement le voir de n'importe où et, si on ne le voyait pas, il n'était jamais loin. La sonnerie qui marquait le début et la fin des cours était d'une puissance telle que tout le monde pouvait l'entendre. Elle retentissait et semblait régler, en dehors des périodes de vacances, la vie des gens comme l'horloge d'un clocher de village. Pour les enfants des FFA de Baden, la vie tournait donc doublement autour du lycée : d'abord par leurs activités et ensuite par leur environnement urbain. On comprend donc l'importance qu'il a pu avoir pour ces enfants, plus que chez les autres qui habitaient des villes françaises et, pourquoi pas, d'autres villes du monde et pour qui le lycée est un bâtiment fondu dans la ville.

Ceux qui n'étaient pas de Baden – le tiers des effectifs – ne venaient pas seulement de villes avoisinantes, comme ce serait le cas d'un lycée dans une petite ville de province, mais de tout un pays. Cela revenait à dire que les amitiés qui se créaient en classe, la plupart du temps ne dépassaient pas le portail de l'établissement. Seuls les élèves du lycée qui avaient plus de 18 ans pouvaient aller visiter leurs amis dans d'autres villes, s'ils avaient passé leur permis de conduire et s'ils disposaient d'une voiture. C'était une minorité. Non que se rendre dans une ville voisine en car, en train ou en auto-stop, par exemple, entre Bühl, Rastatt et Baden eut été impossible à un collégien, mais c'était difficile, car rarement les enfants voyageaient seuls. Les parents ne le permettaient pas ; la majorité légale à l'époque, rappelons-le, était fixée à 21 ans.

Les carnets rendent imparfaitement compte du mouvement perpétuel des élèves, au fil des mutations des parents. On voit que certains arrivaient ou partaient en cours d'année, ce qui était relativement rare, comme je l'ai déjà souligné, car les parents faisaient tout pour éviter l'interruption de l'année scolaire en cours. Cela pouvait occasionner des redoublements. Il n'y avait pas la notion du « nouveau camarade de classe » comme cela pouvait exister dans les établissements de France où la très grande majorité des élèves – sans doute moins aujourd'hui que dans les années 50 et 60 – étaient nés et avaient grandi dans la même région. Personne ne faisait attention au nouvel arrivé contrairement à ce qui se passait en France. C'était une situation normale. En France, c'était l'exception.

Mais le fait le plus important est que ces élèves, quelle que soit la ville d'Allemagne d'où ils venaient, étaient tous d'origines françaises différentes, y compris ceux qui étaient nés en Allemagne. Il y avait donc là un melting-pot culturel franco-français qui réduisait les caractéristiques régionales. La culture tendait vers une unicité, mais une unicité qui ne ressemblait en rien à ce qu'on appelle l'identité nationale. On s'identifiait aux FFA avant la France. Cette identité, bien entendu, ne concernait réellement que ceux qui vivaient longtemps dans ce milieu. Ceux qui ne restaient que trois ans, comme c'était le cas des fils de militaires, ne pouvaient que s'imprégner de cette identité, mais non l'acquérir de manière durable. Cependant, habitués aux changements permanents de résidence, ils portaient en eux une partie de cette culture. Par ailleurs, les mutations ne se faisaient pas seulement entre la France, l'Allemagne ou l'outremer. Nombreux sont ceux qui ont habité plusieurs villes d'Allemagne, comme cela a été mon cas. Partout, même si les conditions différaient quelque peu d'un endroit à l'autre, on y retrouvait les mêmes habitudes, le même esprit. C'était le cas au Lycée de Trèves, je pense que c'était aussi celui du Lycée de Fribourg.

Il y a donc, dans la culture FFA, une culture sous-jacente liée à la « culture militaire », y compris diplomatique, prise non dans le sens de l'« esprit militaire », mais dans celui de la vie qui en découle pour les familles et pour les enfants. Ce n'est pas une culture typiquement française, elle existe dans la plupart des pays, ne serait-ce que dans le milieu diplomatique. J'ai eu l'occasion de rencontrer une fille d'officier de l'armée de terre brésilienne, de ma génération, et nous avons pu échanger les mêmes impressions de « déracinement ». Au

Brésil, les militaires changent d'État environ tous les trois ans (le pays est une fédération qui comprend 27 États). Les enfants de militaires américains ou de tout autre pays connaissent, sans aucun doute, le même sentiment.

On ne peut donc, a priori, s'identifier à aucun lieu en particulier. Tant que les mutations ne dépassent pas les frontières, on peut ignorer le lieu, mais pas le pays et c'est à lui que l'on s'identifie en premier. Ce n'est pas le cas de l'Allemagne où les spécificités de la présence française, dans le temps et dans l'espace et dans ses structures sociales et matérielles, ont apporté un plus à la « culture militaire » ou diplomatique, justement, celle du lieu. Par forcément telle ou telle ville, mais l'Allemagne dans son ensemble et le milieu FFA en particulier. Je discute cette question dans la deuxième partie.

Il n'en reste pas moins qu'il existait dans les établissements scolaires français, et en particulier au Lycée Charles de Gaulle, fleuron de l'Éducation nationale, une discipline toute militaire[80]. Les directeurs, les surveillants généraux apparaissaient comme des « sergents » peu dotés de souplesse. Il fallait obéir aux règles, un point c'est tout. Aucune déviance n'était acceptée. Je me souviens de cet élève qui, vers 67, a été exclu trois jours du lycée pour avoir porté un pull-over qui arborait un dessin « rappelant » les couleurs du drapeau britannique : crime de lèse-majesté ! Les professeurs et les militaires n'écoutaient sans doute pas les Beatles ! Il y eut de nombreux cas dont j'ai oublié les motifs aujourd'hui. Malgré tout, les élèves se pliaient relativement facilement aux règles, pour y avoir été habitués en dehors des murs de l'établissement. C'était en quelque sorte naturel. Ceux qui arrivaient de France avaient parfois du mal à s'accoutumer et pas seulement les élèves, les professeurs aussi. Ce fut le cas, par exemple, de la professeur de latin que j'avais en 5e et qui, après plusieurs crises de nerfs, demanda sa mutation. Quand un fils d'officier contesta la correction d'un devoir, disant que son père était d'avis contraire, ce fut la goutte d'eau qui fit déborder le vase. C'était comme si la prof devait aussi obéir aux ordres des militaires. C'était vraiment trop, elle ne le supporta pas.

---

[80] Je rappelle que la Direction de l'Enseignement Français en Allemagne était directement placée sous l'autorité du général CCFFA depuis 1962.

Il exista néanmoins un mouvement de révolte contre cet autoritarisme, au cours de l'année 1968, que les carnets de mon père ne reflètent pas. Si mes souvenirs sont exacts, les manifestations partirent de l'internat du Lycée, organisées par des élèves de première ou terminale. Des pamphlets furent distribués. Avant d'en connaître les auteurs, il y eut une enquête de police militaire, c'est-à-dire, effectuée par la gendarmerie. Au-delà du fonctionnement interne du Lycée, les revendications, sans doute naturelles, étaient vues comme une attaque à toute l'institution militaire et donc, par assimilation, à l'État. On avait un peu perdu le sens des proportions dans cette époque troublée de mai 68. L'un des leaders du mouvement était fils de diplomate et nous en connaissions la famille. Mes parents proposèrent de l'héberger en attendant l'arrivée en catastrophe de son père, venu de Bad Godesberg.

Au début des années 70, pour la plupart de ceux de ma génération, les études secondaires se terminaient et avec elles, excepté pour ceux qui firent leur service militaire dans le pays, la vie en Allemagne.

4. APRÈS L'ALLEMAGNE

La fin des études secondaires, pour la plupart des gens, correspond à une phase toujours difficile de la vie. On quitte le giron familial, on commence à travailler ou on entre à l'université. Pour les enfants des FFA, c'était aussi quitter l'Allemagne et cela n'était pas simple.

Il faut bien distinguer ici la différence entre les enfants de militaires et de civils. Pour les premiers, la vie en France ne leur était pas vraiment « étrangère ». La plupart avaient vécu dans des villes de garnison, dans un milieu où le poids de l'armée n'était pas aussi marqué qu'aux FFA. La vie était identique en bien des points à celles des Français qui n'avaient aucun lien avec le monde militaire, sinon que pour eux, comme chez les FFA, la durée de séjour dans ces villes était limitée. Du fait qu'ils étaient habitués aux fréquents changements de résidence, ces enfants étaient dotés de capacités d'adaptation à différents milieux. Pour eux, l'entrée dans la vie adulte, indépendante à la fois des parents et du monde militaire, coïncidait avec le départ des FFA, mais celui-ci n'était qu'un facteur d'influence parmi d'autres.

Ce n'était pas le cas pour les enfants des FFA civils qui avaient passé de très nombreuses années en Allemagne et surtout de ceux qui y étaient nés. Pour tous ceux-là, qui n'avaient qu'une expérience fractionnée de la vie en France, la rupture était flagrante. Rien de traumatisant, mais des difficultés venaient s'ajouter à celles provoquées par les débuts de la vie autonome et, notamment, celle de se situer dans un monde « étranger ». On sortait du milieu militaire et cela pouvait causer certains problèmes relationnels. Un de mes amis avait reçu une éducation très stricte et, était habitué aux rapports très formels, aux courbettes et aux baise-mains, il se comportait de la même façon en France. Il souffrit beaucoup des moqueries dont il était l'objet de la part des « Français de France ». Sans aller aussi loin, le changement était un problème pour la plupart des FFA civils ; on n'avait plus la hiérarchie comme référence ni le poids des contraintes : la France était démocratique et les rapports étaient souples.

Il est bien difficile de caractériser toutes les situations qui se présentent et je me place ici dans un cadre général, en prenant les enfants FFA dans leur ensemble.

Le « retour » en France

Pour les jeunes FFA, une fois le diplôme du baccalauréat en poche (pour la plupart vu le niveau des établissements), il fallait « rentrer en France », expression qui avait un sens un peu particulier. De mon temps, donc approximativement dans les années 68-75, l'arrivée en France produisit chez beaucoup un véritable choc. Et cela fut aggravé par la première crise du pétrole (1972-74). De nombreux enfants des FFA se retrouvèrent déboussolés. Si on connaissait le pays, pour y passer les vacances ou pour aller visiter les familles, on ignorait tout ou presque de la réalité de la vie quotidienne. Il fallait, en quelque sorte, passer par un temps d'apprentissage de la vie française sur le territoire national. Bien souvent on ne savait pas dans quelle région aller. Tous n'avaient pas suffisamment de liens familiaux à Paris ou dans les provinces pour s'y installer. Ainsi, les villes alsaciennes de Strasbourg et Mulhouse, toutes proches de la frontière allemande, accueillirent de nombreux enfants des FFA[81].

On peut considérer que, pour beaucoup, la « rupture » n'était pas immédiate. Si les jeunes des FFA allaient étudier en Alsace, leurs parents ne quittaient pas l'Allemagne pour autant, du moins pour les civils. Des cars emmenaient les étudiants de Baden (et peut être aussi de Freiburg) à Strasbourg, le lundi matin et les ramenaient le vendredi soir ou le samedi matin ; ceux qui avaient des voitures

---

[81] Il me semble que ce fut aussi le cas, dans une moindre proportion, de Metz et Nancy.

faisaient du « covoiturage ». Les jeunes FFA qui faisaient leurs études à l'Université de Strasbourg avaient une chambre en cité universitaire, quand les revenus des parents étaient assez modestes ; les autres avaient des chambres chez des particuliers ou des studios que les parents louaient. Ils découvraient la vie normale en France tout en pouvant se replonger dans l'ambiance des cités. Certains arrivèrent à travailler comme surveillants dans les établissements scolaires français d'Allemagne, le temps de leurs études. Il y avait, je crois, un temps réglementaire maximum de cinq ans ou l'âge limite de 29 ans pour rester dans ces postes ; le même système existait d'ailleurs en France. C'était peut-être une façon d'amenuiser les effets de la rupture. Beaucoup d'étudiants en Alsace venus des FFA, d'ailleurs, restaient souvent groupés. Et même s'ils pouvaient aussi se retrouver avec leurs camarades dans les cités, pendant les week-ends ou les vacances universitaires, les liens avaient tendance à s'effilocher. Les personnalités changeaient en fonction des activités, des rencontres et des expériences de chacun. Les jeunes n'étaient plus liés par le même environnement, les mêmes habitudes et obligations et les différences se creusaient, marquant peu à peu la distance entre les uns et les autres.

51 - Fête de la bande de Baden, à Strasbourg, en 1974.
En haut : Alain Perissé, Martine Miara (ép. Lacogne), ma sœur, Lydie Riesterer (ép. Tarnier)
En bas : Jean-Michel Zanger, Francis Lacogne, moi, Gilles Tarnier
Allongé : Patrick Berjot

Cependant, ceux qui allaient étudier en Alsace ne représentaient qu'une petite minorité, si l'on prend l'ensemble des enfants de FFA : ils furent très nombreux à s'éparpiller dans les villes de France, choisies en fonction des liens familiaux ou de leurs aspirations professionnelles. Certains, lancés sur les rails de leurs parents, entrèrent dans l'armée, d'autres ambitionnèrent les hautes fonctions de l'État ou des postes de direction dans des grandes entreprises publiques quelques-uns se dirigèrent vers les concours administratifs. Un grand nombre devint instituteur, profitant d'une forte vague de recrutement par l'Éducation nationale qui, en manque d'effectifs, embauchait au niveau du Baccalauréat. Beaucoup entrèrent directement dans la vie active, exerçant les professions les plus diverses ; celles qui favorisaient les contacts et les déplacements, y compris à l'étranger, comme les professions commerciales ou l'hôtellerie, étaient courantes.

Comment les enfants de la seconde génération ont-ils vécu ce passage ? Ce dut être, à bien des égards, tout aussi difficile, compte tenu des conditions socioéconomiques de la France des années 80-90. Pour ceux qui n'avaient habité qu'en Allemagne, comme ceux de la génération précédente, le « retour » en France avait-il un sens ?

La conséquence, probablement commune à la majorité des enfants des FFA, est la perte des amis de jeunesse, indépendamment de l'intensité des rapports. Une fois l'Allemagne quittée, chacun allait rejoindre soit un nouveau lieu d'affectation des parents, soit une région française d'origine, ce qui empêchait de maintenir ces relations. Puis la vie, les mariages, les activités professionnelles, les parcours individuels, tout cela s'est accumulé. Même si des liens ont pu être maintenus, pour de fortes raisons affectives ou spatiales, la plupart des gens se sont perdus de vue.

Autre conséquence, du moins pour ceux qui ont passé de longues années en Allemagne : ils ne se sentent chez eux nulle part. Beaucoup se sont bien adaptés à la France, d'autres non. Certains, surtout les enfants de couples franco-allemands, sont restés en Allemagne. Quelques-uns se sont tournés vers d'autres pays. Mais ils ne se sentent sans doute pas plus chez eux. Il reste au fond de chacun une différence qui ne pourra jamais s'effacer. Tous, ou presque, sont des déracinés. Et pourrait-il en être autrement ?

Il s'est donc produit, chez les FFA, dans la vie post-Allemagne, une sorte de diaspora que l'Histoire ne pourra peut-être jamais reconnaître.

La fin des « cités »

Dans les années 90, les Français quittèrent progressivement l'Allemagne[82]. Les « cités » furent abandonnées ou destinées à d'autres occupants, vus un peu comme des usurpateurs, comme le montre ce témoignage lapidaire, pris au cours d'un échange de messages :

> « Stop stop stop ! Il n'y a plus de casernes à Baden Baden. Ni à Lahr, ni à Freiburg (ma ville natale). Les FFA (Forces françaises en Allemagne) et les militaires canadiens et américains n'y sont plus stationnés depuis peu après la chute du mur. Aujourd'hui, les cités militaires sont devenues des genres de cités HLM principalement habitées par les immigrants (d'origine turque en majorité, les Turcs formant la plus importante communauté d'immigrés en Allemagne)[83]. »

À Baden, la cité Thiérache, qui était séparée des autres, accolée aux quartiers allemands, fut la première à être vidée de ses occupants en 1993. Les autres cités furent évacuées en 1999 et laissées à leur triste sort. Un millier d'appartements, les magasins, les établissements scolaires, les autres immeubles administratifs ainsi que la caserne furent désertés. Toute vie disparut. Il ne subsista qu'une ville fantôme

---

[82] Sauf indication particulière, tous les sites Internet cités dans cette section ont été consultés en 2007 ou 2008. À noter aussi que je retranscris les messages tels quels, c'est-à-dire, sans corriger les éventuelles fautes de frappe ou de français.

[83] www.rock6070.com/phpBB2/viewtopic.php?t=223&postdays=0&postorder =asc&start=45&sid=70f2fc7185374ad0033be9cb390a85e0.

52 - Vue aérienne des cités et du lycée de Baden-Baden, avant la destruction (Europa technologies, GeoCantoni, Google Earth, 2004)

53 - Vue aérienne des cités, en cours de disparition (toute la partie centre gauche) et en phase de reconstruction (en haut à gauche) (Tele Atlas, Aerowest, Google Earth, 2009)

que la police devait surveiller pour protéger les bâtiments. Pour finir, une forte tempête emporta une partie des toits[84].

Catherine habitait l'immeuble des Champs-Élysées, à la Cité Paris, de 1972 à 1981. Restée en Allemagne et apprenant la proche destruction des cités, elle retourna sur les lieux de son enfance, la veille de Noël 2003. Elle trouva « son » appartement à demi-démoli, et fut frappée par l'absence de cris d'enfants, de chants d'oiseaux, le silence de mort régnant. La végétation semblait aussi avoir disparu. Six mois plus tard « son » immeuble était en ruines, tout était détruit[85].

Cinquante ans d'histoire française, ou franco-allemande, ont soudain été engloutis. La « ville FFA » fut rayée de la carte où elle n'avait jamais été située en tant que telle. Restaient Baden-Baden et les vestiges des « cités ». C'était comme si elles n'avaient jamais existé. Peu de villes, sinon pour cause de cataclysme naturel, ont connu tel destin. Même si la municipalité a racheté la plus grande partie des immeubles, en a gardé certains en les modernisant et que de grands projets d'urbanisme sont en voie de réalisation, plus rien ne sera pareil[86]. La « ville française » est morte, définitivement. Ceux qui y sont nés, y ont grandi ou vécu quelques années, ont perdu un de leurs principaux repères.

Mais en quoi ces immeubles, ou « blocs », peuvent-ils susciter tant de regrets ? Ils étaient presque tous identiques, les appartements conçus selon le même plan, jusqu'aux meubles, fournis par l'intendance militaire, qui étaient les mêmes ! Dépourvus de personnalité, c'est donc autour d'eux que se serait construit le monde des enfants des FFA. De mon temps, c'était la vue bucolique par la fenêtre de nos chambres. C'était la pelouse où l'on jouait avec les copains, dans les parcs prévus à cet effet quand on était petit (il y en avait pratiquement un entre chaque « bloc »). Quand on était plus grand, c'étaient les cages d'escalier ou les caves qu'on occupait et c'était souvent là qu'on fumait la première cigarette ou qu'on

---

[84] www.travel-and-pics.de.

[85] *Ibidem.*

[86] Les cités Bretagne et Thiérache ainsi que la caserne ont été complètement rasées, les autres cités ont été partiellement conservées.

échangeait les premiers baisers. C'était aussi aux pieds des immeubles que l'on se retrouvait pour partir en balades dans la nature à « biclou » (presque tous en avaient un). C'étaient les promenades en forêt toute l'année. Et, bien sûr, c'étaient en hiver les descentes en luge, les batailles de boule de neige, les bonshommes que l'on fabriquait. On disposait d'une relative liberté, car il y avait peu de circulation, pas de lieux dangereux et cette liberté faisait un contre contrepoids à l'éducation le plus souvent rigide que la plupart recevaient, enfants de civils comme de militaires.

Les retrouvailles

Est-ce un effet du hasard ou de la technologie ? Les enfants des FFA cherchent aujourd'hui à se retrouver grâce à l'Internet. Il existe un site spécialisé[87], entre autres possibilités, de recherches de « copains d'enfance ». Des témoignages commencent à apparaître, des dialogues s'installent. Ceux de la génération 76-96 dominent, car ils sont sans doute plus habitués à naviguer sur la toile que les plus vieux, ceux des années 55-75. Mais c'est beaucoup plus significatif. On comprendrait mieux que les plus âgés, qui ont entre 50 et 60 ans aujourd'hui, commencent à se retourner sur leur passé et aient envie de retrouver quelques racines. La création de l'Association des Anciens du Lycée de Baden des Années 60, avec un site qui leur est propre[88], est advenue plus tard que l'ouverture du site « annees-ffa » et ses membres préfèrent les rencontres aux échanges sur le web.

Partout on retrouve la même empreinte de nostalgie d'un monde dont tout le monde semble avoir conscience qu'il était unique.

> « J'appartiens à cette frange très particulière de la population française que sont les FFA. Mon père enseignait dans l'école de la garnison. Je suis très attaché à ces souvenirs allemands, et ils suscitent chez presque tous les FFA une nostalgie forte et incompréhensible pour qui n'a pas connu cela. Presque rien ne reste de ces cités françaises où nous avons habité, les écoles, les

[87] www.annees-ffa.

[88] www. lyceebaden.net (Consuté en 2013)

magasins, les parcs de jeu, tout a été rasé ou est en train de l'être[89]. » (C'est moi qui souligne).

Il suffit que quelqu'un en parle pour qu'aussitôt d'autres témoignages viennent en écho, ainsi que l'on peut le constater dans les échanges suivants :

> « Eh oui, nous avons tous des moments de nostalgie. De plus grâce au net, nous pouvons les cultiver ! Fille de militaire, nous avons fait un séjour de quelque temps en Allemagne : les FFA. Friedrichshafen, Freiburg in Brisgau : 2 villes qui symbolisent mon adolescence et tous les souvenirs qui vont avec... [...] Ensuite, j'ai fait quelque temps en internat à Freiburg, au lycée Turenne. Et l'un d'entre nous a fait un site pour ce lycée où plusieurs générations se retrouvent... Alors pour ces moments de bonheur offert, pour ces retrouvailles, etc. À consommer sans modération, bien sûr. **Rachel.** »
>
> « Moi aussi j´étais au lycée Turenne à cette époque je crois de 1985 a 1986, auparavant j´étais à l´école primaire de Freiburg, j´ai moi aussi de très bons souvenirs, j´y suis d´ailleurs retournée très souvent en vacances, car mes grandes sœurs y sont restées plusieurs années. J'aimerais beaucoup retrouver des anciennes connaissances, mais je n´ai aucune photo de classe juste quelques noms ! Et bien sûr tous mes souvenirs ! Je ne suis restée qu´une année au lycée, mais j´ai vécu 6 ans à Freiburg j´habitais dans la cité de Sevez. **Phanie.** »
>
> « Ah Nostalgie... quand tu nous tiens. **Massu7**. »
>
> « J'étais aux FFA de 1962 à 1982 en passant par Trèves, Freiburg, Bühl, entre autres. Que de souvenirs en trouvant ces sites consacrés aux FFA. J'ai un PC depuis peu et je me suis évidemment inscrit. J'ai 46 ans et je vis maintenant en Normandie. **Jeanmi.** »
>
> « Moi aussi j'ai la nostalgie de ces années de lycée. **Mimi**. »
>
> « Hé oui !! Toujours le même mot qui revient "nostalgie"... **Stef** [90]. »

---

[89] septembre.us/h/gimme-five (Consulté en 2007).

Pour les anciens élèves du Lycée Turenne à Freiburg, qui disposent de leur propre site[91], c'est l'exclamation « Que d'émotions ! » qui revient le plus souvent chez ceux qui le découvrent. On évoque les profs, les impressions, les bons ou les mauvais souvenirs, mais pour tous, c'étaient des jours heureux.

Si la plupart des témoignages que l'on trouve sur Internet sont relativement superficiels, il est certain que les échanges effectués sous le couvert du secret sont d'une autre teneur : personne ne songe à se livrer publiquement. « Non, je ne dévoilerais rien à ce sujet sur ce blog », dit une jeune femme. Quelques-uns cherchent à reconstituer les classes d'élèves des lycées français, créent des réseaux de relations, organisent des rencontres. Ceux qui n'habitent pas loin se retrouvent en Allemagne. Il est naturel que ce soit autour de l'établissement scolaire que tentent de se regrouper, des années après, les enfants des FFA : c'est le seul point de repère. Mais c'est probablement plus que ça : le symbole des temps révolus et qui avaient quelque chose de très spécial. Apparemment, on ne ressent pas la même « ferveur » dans les autres sites de recherche de « copains d'enfance ». Il y a comme un vide que l'on cherche à combler. Ainsi l'enfant des FFA sentirait le besoin d'échanger, plus que des souvenirs, des expériences semblables du passé, en des lieux communs, même avec des gens qu'il n'a pas connus, comme celui-ci qui a fréquenté différents établissements, de 1966 à 1972 :

> « Cela a été un régal de retrouver sur ce site [années-ffa] des anciens élèves ayant eu le même passé que moi, j'ai noué des liens nouveaux dans un esprit de franche camaraderie. »

Et quand il vit très loin, dans un autre pays que la France, il semble ressentir une solitude qui lui pèse, l'absence d'amis d'enfance. C'est sans doute le cas de cette femme qui vit en Égypte :

> « Je ne peux résister à vous parler d'un endroit cher à mon cœur. Il s'agit du lycée français de Baden-Baden ou Lycée Charles de Gaulle où j'ai passé de merveilleuses années d'internat de 1961 à 1965. <u>Ce lycée a laissé à chacun de ses élèves un souvenir</u>

---

90 Pour toutes ces citations: www.lycee-turenne.fr (Consulté en 2007).

91 *Idem.*

indélébile : il constituait dans les années 60 le top du top et le retour en des lycées en France fut, en ce qui me concerne un véritable choc. Il faut reconnaître que son emplacement même incite au rêve : imaginez un endroit niché dans les contreforts de la forêt noire, nos salles d'études donnaient sur ces grands sapins et nous n'avions qu'à traverser la rue pour nous y rendre !!! Il était moderne dans sa conception et une agréable ambiance y régnait. [...] La rédaction de cet article ne fut pas sans arrière-pensée, car j'espère ainsi lancer une sorte de "bouteille à la mer" et retrouver d'anciens camarades de classe [92]. » (C'est moi qui souligne).

D'autres sont restés en Allemagne, mais la nostalgie n'en est pas moins forte. C'est le cas de Paule :

> « Baden-Baden en Allemagne, c'est toute mon enfance, ma jeunesse. J'y ai vécu pendant 32 ans, de 1962 à 1994. »
>
> « J'avais 8 ans quand mes parents et moi y avons emménagé. Il y avait beaucoup de Français là-bas à l'époque et mon père qui travaillait à la Sécurité Sociale à Paris, a été muté là-bas. Pour lui, c'était l'occasion de gagner un peu plus d'argent, alors il a accepté cette mutation. »
>
> « J'ai fait mes études dans une Ecole primaire française, puis au Lycée Charles de Gaulle… que de bons souvenirs !! Nous avions même un supermarché là-bas, l'Économat de l'Armée !
>
> « Après j'ai eu la chance d'être embauchée au Consulat de France (j'ai passé ensuite un concours que j'ai réussi) et j'ai travaillé 20 ans là-bas. J'étais au service des pensions ; j'ai adoré ce travail ; on aidait les pensionnés (anciens légionnaires allemands pour la plupart) à faire valoir leurs droits à la pension d'invalidité, à constituer leurs dossiers… Je me suis donnée à fond dans ce travail, mais le Consulat a malheureusement fermé en 1992 et j'ai été mutée à Strasbourg. C'est au Consulat d'ailleurs que je me suis mariée, puisque le Consul, à l'étranger, exerce les fonctions de Maire ; ça fait bizarre d'être mariée par son patron ! [...] »

---

[92]www.mes-parfums-d-egypte.com/article-3204354.html(Consulté en 2009).

> « Il n'y a plus de Français à Baden-Baden depuis 1999, les 3 cités françaises ont été reprises par la ville, mais je n'oublierai jamais cette époque de ma vie. »

> « Je n'habite pas loin de Baden-Baden (une trentaine de km environ), mais je n'y retourne pas, j'ai peur d'éprouver trop de nostalgie, mais un jour, c'est sûr j'irai à nouveau[93]. »

S'agit-il donc seulement de simples retrouvailles de copains de classe ? Ou d'une nouvelle tradition, peut-être d'origine américaine, qui veut que les anciennes classes se réunissent dix ou vingt ans après, au cours d'une soirée de gala en robe longue et smoking ? N'y a-t-il pas, au fond, l'idée que les enfants des FFA ne peuvent se résoudre à couper le cordon ombilical avec une « mère patrie », qu'ils ont la volonté de reconstituer un monde perdu, autre que celui de l'enfance et de l'école ? Ce que dit Julien Charbonnier, un des créateurs du site années.ffa, ne va-t-il pas dans ce sens ? :

> « Que sont devenus nos amis d'enfance ? Où sont-ils ? Que font-ils ? Ce site a pour but de vous aider à répondre à ces questions. Nous avons été "au cœur de l'histoire", et ces années passées en Allemagne nous ont marqués pour la vie. Arrachés les uns après les autres à cette terre étrangère, nous avons tous des amis à retrouver[94]. »

« Au cœur de l'histoire », « marqués pour la vie », « arrachés à cette terre étrangère » : des mots qui claquent comme des drapeaux et tendent à montrer que l'Allemagne était tout sauf une terre étrangère pour les enfants des FFA. C'est un peu ce que j'essaye de démontrer ici.

« Cela fait longtemps que je ne suis pas venue [sur le site], il y a des tonnes de messages, ça fait chaud au cœur de retrouver une certaine "communauté", un peu éparpillée mais si fraternelle dans les souvenirs », dit Laurence[95], exprimant sans doute un sentiment général.

---

[93] paule1106.spaces.live.com/blog/cns!60FE59741C17F195!6319.entry (Consulté en 2009).

[94] www.années.ffa (Consulté en 2007),

[95] www.lycee-turenne.fr.

La nostalgie est liée à un territoire diffus, concrétisé par l'image immuable des « cités », et à la diaspora de ses occupants qui a suivi. C'est un « pays » à l'intérieur d'un pays, soumis aux vicissitudes de l'histoire, aujourd'hui disparu et que les souvenirs tentent de retrouver, de conserver.

Et s'agit-il seulement des enfants ? Les militaires semblent aussi être à la recherche de « quelque chose » si l'on en croit le site créé en décembre 2007 par la déjà ancienne Association des Vétérans des FFA[96]. D'autres sont apparus par la suite. Certains sont relativement ouverts, tel le Cercle National des Anciens Militaires Stationnés en Allemagne[97], d'autres sont plus spécifiques comme le 1er Régiment de Spahis - Spire - SP 69625 - FFA[98].

Cela semble d'autant plus absurde que, théoriquement, le militaire de carrière n'est pas resté plus de trois ans en Allemagne, on ne parle même pas des appelés. Ces associations ont peut-être, en plus de retrouver les camarades, un but revendicatif auprès de l'administration française pour l'obtention de droits spécifiques, ce qui correspond tout autant à une demande de reconnaissance. Il y a donc bien autour du « Monde FFA » un attrait rétrospectif, comme un appel venu du fond de l'Histoire.

---

[96]avffagfsfb.centerblog.net/3421584-ASSOCIATION-DES-VETERANS-DES-FFA (créé le 15/12/2007 et consulté en 2009). Rappelons que l'Association existait déjà en 1970.

[97]www.cerclenationaldesanciensmilitairesstationnesenallemagne.com (Consulté en 2009)

[98] www.spahispire.forumpro.fr (Consulté en 2009).

2E PARTIE : LA (RE) CONSTRUCTION DE L'HISTOIRE

1. LA DISSIMULATION DE L'HISTOIRE

Celui qui commence des recherches sur le sujet le constate très vite : l'histoire des FFA est occultée. Et on se demande bien pourquoi. Est-ce une question de méthodologie, de l'absence d'intérêt ou encore à cause du manque de perception du phénomène social qu'elles représentent ?

Au fond, en quoi consiste cette histoire ? Quels sont les faits, les événements qui ont marqué le demi-siècle de présence française, militaire et civile, sur le sol allemand ? Pourrait-on seulement en trouver ? Les activités – les manœuvres par exemple –, qu'elles soient militaires ou non, ne sont pas des faits. L'histoire semble se réduire uniquement à cette présence et aux circonstances qui l'ont fait évoluer.

Quel écrivain français a-t-il notoirement écrit sur les FFA ? Hormis le livre de Sylvie Guth, je n'ai pu trouver sur Internet aucun titre significatif sur le sujet. On constate le même silence dans la bibliographie allemande[99]. Karl-Heinz Bender semble être le seul à s'être préoccupé de cette question, dans le cadre de l'histoire militaire, avec notamment deux articles relatifs au retrait des forces françaises[100]. Lui aussi s'étonne que les FFA n'aient pas fait l'objet

---

[99] Peut-être n'ai-je pas utilisé les bons mots-clés. J'en ai essayé plusieurs sans grands résultats. Par exemple, *Französischen Streitkräfte in Deutschland* ne donne pratiquement rien sur le sujet que je traite.

[100] BENDER Karl-Heinz: « Le retrait des forces armées françaises : la fin d'une époque » et « Les réactions allemandes au retrait des FFA ». www.revuedocuments.com/basearticles/index/?auteur=526 (Consulté en 2007). Je n'ai pu avoir accès à ces articles.

d'une analyse particulière et importante jusqu'à Suzie Guth[101]. L'histoire s'est-elle perdue dans des chapitres d'ouvrages consacrés aux relations internationales, à l'histoire militaire ? Les FFA ne semblent même pas faire partie de la chronologie des relations franco-allemandes[102]. On a l'impression aujourd'hui que cette présence n'a pas existé, comme si on avait honte d'en parler. Et pourtant, il s'est quand même bien passé quelque chose durant ces cinquante ans ! La présence française est une réalité du passé encore récent. Les enfants des FFA comme les militaires qui s'expriment sur Internet sont là pour nous le rappeler. Mais quelle est l'histoire de ces gens-là ?

D'ailleurs, c'est toute l'histoire des bases militaires étrangères en Allemagne qui semble être frappée d'ostracisme. Il est impressionnant de constater que rien, absolument rien, ne ressort sur Internet, en dehors des questions militaires, sur les forces britanniques ou américaines.

C'est en fait au moment du retrait des troupes qu'on en parle et c'est peut être là le fond de la question. Pour des raisons de sécurité, dans le climat de guerre froide, il fallait sans doute éviter de divulguer des informations. L'approche que l'on peut en faire aujourd'hui n'est plus liée à cet aspect de la question et on peut donc en parler de manière plus sereine et objective. L'organisation des forces britanniques ou américaines était bien différente de celle des forces françaises et leur présence s'est concrétisée différemment. Dans le cas américain, les bases en Allemagne s'inscrivaient dans un dispositif de défense mondiale et le lieu en soi importait sans doute peu : éliminées les disparités régionales, toutes les bases reposaient sur le même principe d'organisation.

Dans cette partie, je vais donc aborder la question des FFA à partir d'autres points de vue que ceux que j'ai exposés jusqu'à présent. La culture, l'identité, la conscience collective, la mémoire et

---

[101] Résumé d'un article ou ouvrage intitulé « les Forces Françaises en Allemagne à l'Eurocorps ». francia.digitale-sammlungen.de/ Blatt_ bsb000 16356,00225.html (Consulté en 2007).

[102]www.ladocumentationfrancaise.fr/dossiers/relations-franco-allemandes/ chronologie.shtml (Consulté en 2007).

l'histoire sont des thèmes complexes, car ils font appel à des notions de sciences humaines qui ne sont pas toujours simples pour le lecteur ordinaire, parfois même pour les spécialistes. Il ne s'agit pas ici de faire un traité de sociologie ou de philosophie, mais je pense que certaines questions sont inévitables ; on ne pourra vraiment comprendre ce qu'étaient les FFA et ce qui s'exprime actuellement sur Internet si l'on n'y cherche pas de réponses. Je ferai souvent référence aux articles de l'encyclopédie Wikipedia qui ont l'avantage, pour la plupart, de présenter une synthèse des idées, de façon claire ; ils sont facilement accessibles au lecteur qui voudrait approfondir la réflexion. Définir l'identité FFA et comment, à partir d'elle, construire ou reconstruire l'histoire de cette population ; pourquoi le faire **et** comparer avec des situations semblables, connues par d'autres populations : tels sont les enjeux du débat.

2. CULTURE, IDENTITÉ ET CONSCIENCE COLLECTIVE

Parler de culture est aussi difficile que définir l'identité. Chez les intellectuels du XIXe siècle, la conception allemande de *Kultur* s'opposait à celle de Civilisation des Français et, depuis, de nombreuses perceptions ont été discutées sans que l'on parvienne à obtenir une réelle définition de la culture qui puisse prendre en compte toute la diversité des situations que l'on rencontre[103]. J'entends ici le mot culture dans un sens anthropologique, c'est-à-dire social, et non dans le sens de la production de biens (littérature, musique, arts plastiques etc.) ou celui de l'érudition, de la connaissance. Il faut aussi comprendre l'identité sur le plan social, car elle ne concerne pas que les individus. Pour mieux saisir ce que sont les FFA, nous pouvons partir de ce que dit Denys Cuche. Pour lui,

> « Tout groupe est doté d'une identité qui correspond à sa définition sociale, définition qui permet de le situer dans l'ensemble social. L'identité sociale est à la fois inclusion et exclusion : elle identifie le groupe (sont membres du groupe ceux qui sont identiques sous un certain rapport) et le distingue des autres groupes (dont les membres sont différents des premiers sous ce même rapport)[104]. »

---

[103] Sur l'origine de cette distinction, voir la première partie de *La Civilisation des mœurs* de Norbert Elias, *Op. cit.*.

[104] CUCHE, Denys, *La notion de culture dans les sciences sociales,* Coll. Repères. Paris, La Découverte, 1996. p.84.

On prend de suite conscience des difficultés à trouver une définition sociale qui puisse s'appliquer aux FFA. Quel est, au fond, l'ensemble social dans lequel ils se situent ? Dans l'environnement immédiat, spatial, la société allemande semble prévaloir et ils s'en distingueraient par la nationalité. Cependant, cela ne suffit pas pour définir les FFA, car prenant ces deux critères, ils sont physiquement séparés du territoire français auxquels ils ne sont reliés, finalement, que par la nationalité.

Si on considère la catégorie « Français de l'étranger », expression qui désigne ceux qui se sont expatriés, ils diffèrent de ceux-ci parce ce qu'ils n'ont pas quitté le sol national par choix personnel, mais par mutation, c'est-à-dire, par contrainte administrative : ils sont en Allemagne au service de la France, même s'ils n'en ont pas tous conscience, surtout les enfants. Les « Français de l'étranger » sont plus ou moins intégrés dans leur pays d'accueil et quand ils se fréquentent, se retrouvent entre eux, le groupe qu'ils constituent n'est guère qu'une petite cellule composée d'individus isolés. Ce n'est pas le cas des FFA qui, par force, vivent regroupés dans des quartiers qui leur sont spécialement destinés et ils sont donc, à la fois, coupés de la société allemande et de la société française de l'intérieur : les « Français de France ». Selon cette terminologie, j'ai tendance à les appeler les « Français d'Allemagne », mais l'expression ne rend qu'imparfaitement compte de la réalité sociale étant donnée la diversité des situations individuelles.

Dans ses principaux aspects, le groupe FFA est composé de personnes, issues de toutes régions de France et d'autochtones, de membres temporaires et d'autres plus ou moins permanents, divisés entre militaires et civils. Cela ne veut pas dire qu'il n'y a pas de cohésion en lui. Au contraire, il y a comme une atténuation des différences et une forme de standardisation des modes de pensée et des comportements, dictés à la fois par le système militaire, les conditions de vie et la nécessité de bienséance dans les rapports avec les Allemands.

Gemeinschaft und Gesellschaft

Nous devons au sociologue allemand Ferdinand Tönnies (1855-1936) la distinction entre *Gemeinschaft und Gesellschaft,* c'est-à-dire, entre communauté et société[105]. Selon lui, c'est la volonté des hommes qui détermine leurs comportements et la communauté tend à se transformer en société. Les commentaires qu'Émile Durkheim a faits de la thèse de son homologue allemand nous apportent quelques éléments significatifs en rapport avec les FFA[106].

Pour Durkheim, ce qui constitue la communauté, « c'est une unité absolue qui exclut la distinction des parties ». Dans ce sens, on comprend que la population FFA constitue un tout, indépendamment des éléments qui la composent. Les militaires et les civils en sont l'élément humain, les casernes et les « cités » l'élément physique ou matériel. La dispersion sur le territoire allemand ne peut donner à la communauté la densité dont elle aurait besoin pour se transformer en société. On pourrait parler d'un ensemble de communautés, considérant que les « cités », situées dans les diverses villes allemandes, présentaient quelques différences les unes par rapport aux autres. Ce n'était guère le cas. Les immeubles étaient presque tous identiques, les quartiers ne changeant qu'on fonction de l'urbanisme allemand. Les individus pouvaient déménager d'une caserne ou d'une « cité » à l'autre sans se sentir dépaysés. Si on les réunissait sur un papier, les diverses « cités » formeraient une ville et on aurait alors des communautés de quartier ne présentant que des différences marginales par rapport à la communauté totale de la ville dont elles constitueraient une partie. C'est donc bien comme « unité absolue » qu'il faut comprendre la communauté FFA.

Cependant, même dispersés, tous les éléments s'assemblent dans la volonté politico-militaire suprême qui tient leur destin en main ;

---

105 TÖNNIES, Ferdinand. *Gemeinschaft und Gesellschaft. Abhandlung des Communismus und des Socialismus als empirische Culturformen.* Leipzig, 1887. LEIF, J. (Traducteur). Introduction. classiques.uqac.ca/ classiques/ tonnies_ ferdinand/tonnies.html.

106 DURKHEIM, Émile, "Communauté et société selon Tönnies" (1889). classiques.uqac.ca/classiques/Durkheim_emile/textes_1/textes_1_13/commu naute_societe_tonnies.pdf.

celle-ci se caractérise par la présence des troupes françaises en Allemagne et par les structures qui se sont peu à peu construites autour de cette présence. C'est alors ce qu'en dit Durkheim : « une masse indistincte et compacte qui n'est capable que de mouvements d'ensemble, que ceux-ci soient dirigés par la masse elle-même ou par un de ces éléments chargés de la représenter ». Il faut ici interpréter cette phrase dans deux sens. Premièrement, les FFA, en tant que masse, ne pouvaient se mouvoir, en entendant le mot dans un sens spatial. L'État seul pouvait procéder à des changements, ce qu'il a fait à plusieurs reprises en fonction des données historiques et géopolitiques : les mouvements ont ainsi été des mouvements d'ensemble. Deuxièmement, la capacité de mouvement, compris cette fois sur le plan social, psychologique ou culturel, n'était pas non plus possible pour les populations ; on l'a vu, la vie des FFA n'a pas connu de changement notable durant près de quarante ans. On peut alors suivre Durkheim quand il ajoute que la communauté est « un agrégat de consciences si fortement agglutinées qu'aucune ne peut se mouvoir indépendamment des autres ». En fait, chez les FFA, les consciences étaient strictement limitées par les contraintes de comportements.

À ce stade de la réflexion, on en viendrait à dire que les FFA étaient pratiquement une communauté abstraite et que les éléments concrets – les hommes et leur habitat (casernes et cités) – n'ont pas suffi à la transformer en société. Pour la sociologie et d'un point de vue purement conceptuel, les FFA ne seraient même pas une communauté, ce qui rend bien difficile d'en donner une définition. Gardons néanmoins le terme pour désigner les FFA en abordant la question de la société.

Je ne peux me plonger dans les méandres de la pensée de Tönnies et de Durkheim dans laquelle interviennent l'économique et le politique. Je n'en retiendrai ici que l'idée suivante : l'opposition entre *Gemeinschaft* et *Gesellschaft*. Ainsi, face à la communauté FFA, se trouve la société allemande et quand Durkheim cite Tönnies pour parler de la société, les mots ont pour nous une étrange résonance :

> « La *Gesellschaft* implique « un cercle d'hommes qui, comme dans la *Gemeinschaft*, vivent et habitent en paix les uns à côté des autres, mais, au lieu d'être essentiellement unis, sont au contraire

essentiellement séparés, et tandis que, dans la *Gemeinschaft,* ils restent unis malgré toutes les distinctions, ici ils restent distincts malgré tous les liens[107]. »

Si l'on se place dans le contexte, il n'existe pas de *deutsch-französiche Gesellschaft,* ou société franco-allemande, mais deux « cercles d'hommes » qui habitent sur le même sol et vivent en paix ; ils sont séparés par les différences qui, si elles n'empêchent pas la création de liens, ne suffisent pas à créer une union : les relations restent dans le cadre de « l'amitié franco-allemande », formule consacrée.

Cette « amitié », en prenant le point de vue des sociologues, serait inexistante, car, dans la société : « chacun est ici pour soi et dans un état d'hostilité vis-à-vis des autres ». L'hostilité – j'y ai fait quelques allusions – était souterraine. Elle était liée à la notion d'occupation, que les Allemands ressentaient plus que les Français, et à la mauvaise image que ces derniers avaient des Allemands, autant par les idées reçues que par l'histoire récente des deux pays. Cela a bien entendu évolué positivement avec le temps. Dans la pratique, comme je l'ai souligné, les relations étaient placées sous le signe de l'entente cordiale. Les manifestations d'hostilité étaient rares ; il y en a sans doute eu dans des circonstances marginales qui ne dépassaient pas le niveau individuel.

Cependant, dans la société, « les divers champs d'activité et de pouvoir sont fortement déterminés les uns par rapport aux autres de sorte que chacun interdit aux autres tout contact et toute immixtion ». C'est une idée qui, à mon avis, mériterait d'être discutée, mais on ne peut s'empêcher ici de penser au documentaire de Jean-Claude Bringuier. On y reconnaît ces propos de Tönnies dans les témoignages des jeunes français et allemands qui, de part et d'autre, ne savaient comment établir des contacts entre eux et partager des activités. Le rythme scolaire, la langue, les conditions de vie, les préoccupations, tout contribuait à les éloigner, mais il y aurait eu aussi, au-delà, et du point de vue de la sociologie, une « barrière symbolique » supérieure qui les opposait. Il leur manquait la volonté, chacun craignant de voir l'autre s'immiscer dans son milieu peut-être

[107] *Idem,* pp. 6-7.

au risque de perdre son identité. Et chacun de penser : Ils ne sont pas comme nous. Durkheim dit que, contrairement à la *Gemeinschaft* où les consciences sont confondues (cas de la communauté FFA), dans la *Gesellschaft*, en l'occurrence les relations franco-allemandes, elles sont « différenciées et même opposées les unes aux autres ».

Ce bref parcours dans la pensée sociale nous montre que la présence française en Allemagne, sous le régime de l'occupation ou des FFA, pose bien plus de questions qu'il n'y paraît. Cela justifie que l'on s'y intéresse et qu'on réfléchisse sur ce qu'elle a signifié, tant pour les Français qui y ont participé que pour les Allemands qui l'ont subie. Il faut donc pousser un peu plus loin la réflexion. C'est que je vais essayer de faire en comparant avec d'autres groupes, choisis dans des contextes très différents, mais qui permettent d'éclairer sous différents angles ce qui peut caractériser les FFA.

Les jeunes de banlieue

Pour premier parallèle – puisqu'il est question d'enfants qui vivent dans des « cités » – on peut se référer aux jeunes de certaines banlieues de France qui font, de temps en temps, l'actualité dans les journaux et sur les écrans de télévision. Pourquoi les grands ensembles d'habitations génèrent-ils, chez eux, la violence alors que, chez les FFA, les « cités » engendrent la nostalgie ? La réponse est-elle dans la différence des conditions économiques – la précarité des uns contre la situation privilégiée des autres – ou dans celle du moment où les sentiments s'expriment ? Sylvain Aquatias apporte quelques réflexions pertinentes pour comparer les deux groupes[108].

Pour cet auteur, la désignation « jeunes de banlieue » ne désigne pas un groupe parfaitement déterminé. La jeunesse ne correspond pas à une ou des classes d'âge définies. La grande diversité de situations empêche toute tentative de catégorisation : la position par rapport à l'emploi, le niveau de vie, l'origine ethnique, la nationalité,

---

108 AQUATIAS, Sylvain, « Jeunes de banlieue, entre communauté et société. Une approche socio-anthropologique du lien social », in : *Socio-Anthropologie N°2–1997, Communauté et/ou Ensemble populationnel.* socio-anthropologie.revues.org/document34.html (Consulté en 2008).

etc. La localisation dans un même type d'habitat ne permet pas non plus de définir ces jeunes du fait de l'immense variété de l'architecture et de la taille des cités. Une définition en termes culturels est tout aussi complexe du fait de la pluralité des populations qui composent les cités des banlieues, du point de vue ethnique, culturel, comportemental.

On a ici une différence fondamentale. Les enfants des FFA forment une catégorie claire, l'âge important peu. Tous étaient français, fils et filles de militaires ou de fonctionnaires, leurs situations économiques étaient semblables. Les autres cas étaient absolument exceptionnels. La pluralité reposait uniquement sur l'éventuelle origine régionale et les positions étaient essentiellement liées à la hiérarchie militaire ou administrative, les parcours familiaux pouvant, pour certains, apporter quelques écarts à ce schéma. La localisation et l'habitat, au contraire, sont hautement significatifs puisqu'ils donnent aux enfants une homogénéité. Sorties de leur contexte, c'est-à-dire, hors de l'Allemagne, les « cités » n'existeraient pas et la relative uniformité de l'habitat contribuerait à « modeler » une sorte de « personnalité » commune aux FFA. Comparée à la diversité fluctuante et à l'instabilité économique et sociale des banlieues, la situation des FFA apparaît comme une architecture solide et pérenne.

Cependant, malgré ces différences extrêmes entre les deux groupes, et indépendamment des circonstances, il y aurait une culture commune, une sorte de « culture des cités », des grands ensembles ou des banlieues suivant le plan sur lequel on se place, qui se retrouverait dans des comportements identiques. Nous avons, par exemple, le fait de vivre à l'extérieur des bâtiments d'habitation. Selon Jean-Marc Stébé, dans les banlieues, l'affaiblissement des liens communautaires dans les grands ensembles provoque un repli sur l'espace privé – le logement – tandis que la fragilité du contrôle social pousse les jeunes à se réfugier dans les territoires publics (pelouses, caves, escaliers) qu'ils sont les seuls à occuper[109]. Mais les enfants des FFA agissent de même, alors que les liens communautaires et le contrôle social sont plutôt consistants. Chez ces derniers, ce serait

---

109 STÉBÉ, Jean-Marc, *La crise des banlieues*, 4e ed., Coll. Que sais-je, Paris, PUF, 2010, pp. 46-47.

surtout la « dépersonnalisation » des immeubles qui les pousserait à vivre au-dehors. Ne pourrait-on pas alors penser que, pour cette même raison, les « jeunes de banlieues » vont vivre dans la rue ? Ce comportement, au fond, ne serait-il pas tout simplement naturel, dû à un désir propre à la jeunesse de se retrouver ensemble dans des lieux bien à elle. On peut voir cela d'un côté positif autant que négatif, entre une banale recherche de terrains de jeux et la fuite d'une réalité difficile à supporter.

Il y a sans doute d'autres attitudes communes et, plus généralement, quand Sylvain Aquatias tente de définir les « jeunes de banlieues » sur un plan culturel, on peut aisément appliquer ses propos aux enfants des FFA. Il considère qu'ils se caractérisent comme catégorie dans l'appartenance locale et les sentiments qu'elle crée, définis de manière contextuelle et relationnelle, par des unités de sens liées à des expériences subjectives et à des positions matérielles dans la société locale ou globale. L'auteur complète en disant que les traits culturels apparaissent alors comme des médiateurs du lien social, permettant de créer de la distance et de la proximité, de la différenciation et de la ressemblance. Et de conclure que comprendre les jeunes de banlieue, c'est en somme analyser un ensemble de perceptions et d'affects tout autant que de conditions sociales et matérielles.

Pour les deux groupes, la culture se fonderait finalement sur le sentiment d'appartenance, sur la similarité des vécus et de la vision du monde et, enfin, sur les rapports avec les autres groupes. Dans ce contexte, il existe bien un problème identitaire commun, même s'il s'exprime de manière très différente.

Comment serait-il possible pour les jeunes des cités périphériques des villes françaises, qui vivent la plupart du temps dans des conditions précaires, de se reconnaître dans une société qui leur laisse si peu de place et d'espoir ? Vivre dans la rue, délaisser la langue et l'école contribueraient à leur donner l'unité que la notion d'identité nationale ou que les conditions socio-économiques ne leur fournissent pas.

Pour les enfants des FFA, le sentiment d'appartenance locale serait lié au milieu FFA lui-même, concrétisé par les « cités », qui créerait la perception d'une différence culturelle par rapport aux Allemands comme aux « Français de France » et une position économiquement privilégiée vis-à-vis des uns comme des autres. En quelque sorte, ils vivaient dans une « double périphérie », l'une par rapport au territoire national français et l'autre par rapport aux villes allemandes, sans parler du cocon doré, sorte de « périphérie socio-économique ». S'ils n'ont pas de racines « nationales », c'est parce que l'Histoire les en a dépourvus.

L'identité des uns comme des autres se définirait donc par rapport aux autres groupes principaux (les nationaux, les Français et les Allemands) par des différences culturelles (l'origine, la langue, le milieu), socio-économiques (le niveau de vie), géographiques (les pays), spatiales et architecturales (la localisation du quartier, l'habitat) et institutionnelles (la nationalité).

Il existe, néanmoins, une très grande divergence spatio-temporelle entre les deux groupes que nous avons comparés. Le sentiment d'appartenance pour les « jeunes de banlieue » est lié à des lieux, des personnes, des biens matériels et immatériels, des activités qui font partie du présent. Pour les enfants des « cités » FFA, tout cela a cessé d'exister et le sentiment d'appartenance ne repose que sur la mémoire et l'échange d'expériences. Une « nostalgie des banlieues », demain, est-elle possible ?

Il faut croire que oui. Pour David Lepoutre, « le quartier est le support de l'identité adolescente » et il cite Christian Bachmann qui dit « [la cité], c'est d'abord une patrie, aussi curieux que cela puisse paraître : une génération est née sur les dalles comme on naissait autrefois en Auvergne, en Bretagne ou en Algérie » [110]. La démolition d'une cité en 1986 a engendré la nostalgie et « le terrain vague issu de la démolition fut par la suite et pendant longtemps le lieu d'étonnants pèlerinages, les mères et les enfants de famille expulsées – et relogées ailleurs – y revenant volontiers pique-niquer et passer des après-midi

---

[110] LEPOUTRE, David, *Cœur de banlieue. Codes, rites et langages*, Coll. Poches, 70, Paris, Odile Jacob, 2001, p. 52. Ceux qui voudront approfondir le sujet pourront consuter cet ouvrage qui aborde des thèmes que je ne peux développer ici.

entiers »[111]. Les enfants des FFA qui reviennent visiter ce qu'il reste de leurs « cités » n'agissent pas autrement.

N'y aurait-il pas alors, à travers les révoltes et la violence des premiers et les manifestations discursives des seconds sur Internet, la même volonté de dire qu'ils existent, avec leur (s) différence (s) ? Un refus clair et net de voir jeter leur (s) histoire (s) et leur (s) identité (s) aux oubliettes, y compris la négation du rôle joué par l'État dans la situation des uns et des autres ?

La question de la langue

Si on ne rencontre pas de phénomène « jeunes de banlieue » identique en Allemagne, il n'en est peut-être que latent. L'immigration en France est sans doute plus ancienne et mise en rapport avec un certain colonialisme que n'a pas pratiqué l'Allemagne. Il n'en reste pas moins que l'actuel débat autour de l'enseignement de la langue turque dans les écoles, éventuellement par des professeurs venus de Turquie, est le reflet d'une préoccupation des « communautés » immigrées qui cherchent à se faire reconnaître. Quand, avec raison, Wolfgang Bosbach (CDU) déclare : « La langue allemande est et reste la clef de l'intégration »[112], il ne fait rien d'autre que d'appuyer ce qui a été dit plus haut à propos des FFA.

La méconnaissance de la langue allemande a été un frein à « l'intégration » des Français dans le milieu allemand. Même si l'immigration n'était pas le but de leur présence, l'effort d'apprentissage et d'adaptation devait venir avant tout des Français, ceux-ci étant minoritaires sur le territoire. Le problème des grands ensembles d'habitation de communautés étrangères existait donc, sans avoir le caractère identitaire, revendicatif et parfois violent qu'il a aujourd'hui. Cependant, l'exemple des enfants des FFA montre que

---

[111] *Idem*, p. 53.

[112] « *Wir brauchen keine Schulen des türkischen Staates* ». Franfürter Allgemeine, 9/02/08. www.faz.net/s/RubDDBDABB9457A437BAA85A49C26FB23A0/Doc~ECB6941BEF36047E0991DADAFB753D826~ATpl~Ecommon~Scontent.html (Consulté em 2008).

si l'autarcie ou le ghetto – situation extrême – dans lequel ils vivaient les a séparés des Allemands, cela n'a pas suffi pour en faire des Français à part entière. Cela voudrait dire que la nature humaine va au-delà des institutions. Le lieu est plus important que l'État. Les Français sont « rentrés chez eux », pour des raisons géopolitiques avec quelque chose de différent des « nationaux » : probablement avec une partie du cœur allemand.

Les Turcs ne quitteront pas l'Allemagne et l'intégration se fera, indépendamment des têtes pensantes de leur État d'origine. J'en veux pour exemple l'enseignement du portugais dans les collèges et les lycées français, qui a été « arraché » à l'État par les immigrants, vers 1970. Son apprentissage, imposé aux enfants par les parents, n'a pas empêché l'intégration des jeunes générations. Aujourd'hui, on en est à la troisième génération (petits-enfants d'immigrés) et il n'y a pratiquement plus de cours de portugais dans les collèges et lycées.

Il n'empêche que langue et culture sont étroitement liées. Pour les communautés minoritaires, elle représente à la fois l'origine et l'identité présente, forcément plurielle ; et la question des générations est fondamentale pour la compréhension des transmissions culturelles et de leur fusion avec de nouvelles références. Il faut donc comprendre que la plupart des enfants ne sont pas des immigrés comme leurs parents, mais enfants d'immigrés, ce qui forge une divergence fondamentale entre les générations. Par ailleurs, les congés payés pour les travailleurs, la banalisation des voyages aériens et des moyens de communication font de l'immigration récente ou actuelle un phénomène totalement différent des mouvements migratoires du XIXe siècle où l'on quittait tout pour ne jamais revenir à la terre natale[113]. De nos jours, on garde toujours un lien plus ou moins fort avec la terre des ancêtres. Il est donc normal que les enfants d'immigrés apprennent la langue de leurs parents pour n'être pas totalement coupés de leurs racines, sans pour autant négliger l'acquisition de la langue du pays qui est le leur. Et c'est malheureusement ce que certains ont tendance à oublier.

---

[113] Voir à propos de la relation entre langue et culture mes deux textes publiés sur le site Internet www. apreis.org : « Langues minoritaires et mémoire » et « Culture, identité et langue nationale au Brésil: une utopie ? »

Les jeunes des banlieues parlent le français (ou l'allemand) entre eux peut être plus par nécessité, à cause de la variété des origines, que par attrait pour la langue du pays. Comme la plupart négligent en plus l'école, la langue « commune » qu'ils parlent est souvent très loin de la langue standard. Le langage des banlieues est à la fois le reflet de leur culture comme de leurs conditions de vie[114].

Le cas des FFA était bien autre. La présence française en Allemagne était liée aux fonctions des adultes et n'avait pas le même sens pour les enfants. Ceux-ci n'allaient pas à l'école allemande. Ils étaient obligés d'apprendre la langue, même en dehors des établissements scolaires qu'ils fréquentaient. Le bilinguisme était alors très fluctuant, entre les mots allemands insérés dans le discours français et l'usage courant ou encore la connaissance parfaite de la langue. Le français était donc avant tout le support linguistique de leur identité et les unissait. On n'imagine pas un instant qu'ils puissent s'exprimer en allemand entre eux. Mais je suis certain que nombreux sont ceux qui, comme moi, regrettent aujourd'hui de ne pas lui avoir donné plus d'importance quand on était sur place, car la langue allemande, qu'on le veuille ou non, fait aussi partie de l'identité de ceux qui ont grandi en Allemagne. Cependant, nous l'ignorions à l'époque, nous l'avons sans doute tous découvert par la suite, après avoir quitté le pays.

Des Français sans patrie

C'est donc en tant que phénomène social, culturel et identitaire que l'on peut prendre toute la mesure de la présence française en Allemagne. S. Guth avait déjà perçu cela, sans pour autant en comprendre tous les aspects, du fait de l'époque de son enquête, en se basant sur des témoignages d'étudiants, d'enfants FFA et de militaires qui avaient fait leur service en Allemagne :

> « [Ils] avaient tous un vécu qu'ils cherchaient à expliciter ou une image mentale de la vraie intégration qu'ils souhaitent démontrer.

[114] David Lepoutre parle du "langage de la culture des rues". *Op. Cit.*, pp. 153-244.

> Certains cherchaient l'identité de leur groupe, d'autres plus prosaïquement voulaient se connaître eux-mêmes, d'autres enfin avaient la nostalgie d'un monde perdu (il s'agissait de Berlin, le pays de Baden-Württemberg ne suscitant pas de tels regrets)[115]. »

Dans cet extrait, on est bien en présence d'un phénomène culturel : la recherche d'une identité, le sentiment d'un vécu commun, une « image mentale », c'est à dire, une certaine vision du monde liée à l'intégration qui serait, selon d'autres propos de l'auteur, en rapport avec le milieu FFA et non le milieu allemand. On constate que même les anciens appelés se retrouveraient dans ce phénomène, ce qui me paraît peu probable, compte tenu de la courte durée du service militaire : un délai d'un an, plus ou moins, peut-il perturber ou créer une identité ? Comme je l'ai montré plus haut, les appelés du contingent n'appartenaient guère au milieu FFA. On peut néanmoins penser que certains, plus que d'autres, ont été marqués par leur séjour en Allemagne, ce qui les aurait amenés à témoigner. J'ai d'ailleurs pu en faire l'expérience. En 2008, en France, lors d'un dîner chez des amis, nous avons abordé le sujet des FFA et une des invitées s'est alors brusquement manifestée disant qu'elle avait été FFA. Elle n'y était restée qu'un an, mais cela avait suffi pour lui donner un sentiment d'appartenance encore vivant en elle, bien des années après.

Quant à la nostalgie d'un monde perdu, nous avons vu qu'aujourd'hui, elle n'est pas exclusive de Berlin, mais concerne tous les lieux d'Allemagne où les Français ont vécu. Si pour S. Guth cette nostalgie est plutôt liée à la position sociale obtenue dans la zone occupée de Berlin, on sait qu'elle recouvre bien plus que cela : le sentiment d'avoir perdu une patrie, ce qui revient à poser la question des racines et de l'identité.

Dépassant le milieu FFA, on pense à la question que pose Philippe, à propos de la soirée électorale des présidentielles, en 2007, qui_a réuni quelques Français vivant à Berlin : « Sommes-nous Français ? » Voici ce qu'il en dit :

---

[115] GUTH, Sylvie, *Op. cit.*, p. 15.

> « [La France] c'est notre pays, et donc quelque chose qui nous rassemble. Mais il y a aussi l'impression d'être un étranger dans son propre pays. La sociologie des Français de l'étranger mériterait d'être étudiée[116] ! »

Sur ce point, il a parfaitement raison. On a plus tendance à parler aujourd'hui de l'immigration en Europe des populations issues d'autres continents, mais il y a une différence fondamentale avec les Français dont il parle : le nombre et les conditions. C'est pourquoi l'émigration européenne dans les pays du continent américain, surtout au XIXe siècle, a fait l'objet de nombreuses études. Aujourd'hui, celle-ci n'a pas de caractère massif, il s'agit de faits d'individus isolés, souvent d'un niveau social élevé, et la psychologie prend le pas sur la sociologie[117]. C'est d'ailleurs dans ce sens qu'il continue :

> « Nous avons un rapport très particulier à la mère patrie. Nous sommes fondamentalement différents de ceux qui ne sont jamais partis. Nos expériences, nos réalités et nos références sont différentes. [...] Pour nous le concept même de "l'identité nationale" n'a absolument aucun sens. Parce que nous avons pris un peu des différents pays où nous avons vécu. [...] Après bientôt sept ans hors de France, je me sens de moins en moins français, même si quelque part je le serai toujours[118]. »

C'est en effet, le plus grand dilemme des Français de l'étranger. Suzie Guth parle de « défrancisation », de « perte de la réalité »[119]. J'ai, en d'autres termes, souligné cette idée en parlant des difficultés, pour les enfants des FFA, lors de l'entrée en France après le baccalauréat.

Philippe a vécu sept ans hors de France, mais qu'en est-il de ceux qui ont passé quinze, vingt, trente ans ailleurs ? De ceux qui ont grandi hors de France ? Peut-on avoir une identité bien définie dans ces conditions ? Le lieu de naissance est-il significatif en soi ? L'ex-président Giscard d'Estaing, par exemple, est né à Coblence : est-il

---

[116] vudici.wordpress.com/2007/05/07/sommes-nous-francais-une-soiree-elec torale-a-berlin/ (Consulté en 2007).

[117] Pour être plus technique, il s'agit du domaine de la psychologie sociale.

[118] Voir note 116.

[119] GUTH, Sylvie, *Op. cit.*, p. 139.

allemand pour cela ? Et qui pourrait dire que l'acteur Bruce Willis, né à Idar-Oberstein, n'est pas américain ? Que représente le lieu de naissance pour quelqu'un qui n'y a pas grandi ? La culture identitaire n'est-elle pas plutôt associée aux lieux, qu'ils soient uniques ou multiples, où l'on passe son enfance et son adolescence, période de construction de l'homme ? Sans parler, bien entendu, des origines ethniques ou autres.

Comment définir ce sentiment très particulier, propre aux FFA, de n'être peut-être originaire de nulle part ? Son membre n'est pas un personnage nouveau dans la sociologie des migrations : « le migrant qui refuse de se reconnaître comme tel », comme le dit S. Guth[120]. C'est bien plus complexe que cela. Comment un enfant qui naît et grandit en Allemagne jusqu'à sa majorité pourrait-il se sentir « migrant » dans ce pays ? C'est quand il le quitte et qu'il va en France, ou ailleurs, qu'il devient migrant.

« Aucun terme de l'expatriation ne lui convient, aucun terme ne s'applique véritablement à lui », ajoute-t-elle. Et là, elle a sans doute raison.

Les enfants des FFA n'étaient pas des émigrés. Ils n'étaient pas non plus des expatriés, dans le sens qu'ils n'avaient pas définitivement rompu les liens avec la France ; ils étaient dépendants de son administration, car leurs parents étaient en « mission », c'est-à-dire au service de la France. Tous se sentaient « chez eux » en Allemagne, un chez soi qui n'est ni tout à fait l'Allemagne, ni tout à fait la France, souligne la sociologue[121].

Car c'est bien là le problème qui se pose pour les enfants des FFA, bien plus que pour les parents. Ceux qui sont nés et sont restés toute leur enfance et adolescence dans le milieu FFA, quel pays ont-ils laissé ? Ont-ils réellement une « patrie » ? Quelle est alors la signification que peut avoir ce mot pour eux ? La patrie, selon la définition du dictionnaire Larousse, c'est la « communauté politique d'individus vivant sur le même sol ». C'est aussi le « pays habité par une telle communauté ». On voit bien que le mot ne peut s'appliquer à ces Français vivant sur le sol allemand. C'est la nationalité qui les

[120] *Idem*, p. 203.
[121] *Idem*, p. 10.

définit avant tout. Et encore, en France, quand ceux qui sont nés en Allemagne veulent obtenir un certificat de naissance ou de nationalité française, ils doivent passer par le Fichier de Nantes qui gère les Français nés à l'étranger ; ils doivent parfois faire de longues et pénibles démarches pour « prouver » qu'ils sont français. Allemands, ils ne le sont pas. La nationalité, cependant, ni la langue, ni la culture acquise à l'école ne suffisent à en faire des Français à part entière. Le chanteur allemand Reinhard Mey, qui a un moment été connu en France sous le nom de Frédérik Mey, a fait ses études au lycée français de Berlin : cela en fait-il pour autant un Français ? Les enfants FFA sont culturellement différents, originaires d'une « communauté politique » qui n'a pas de pays, qui n'a pas d'État.

Le pays des FFA ne peut être qu'hypothétique. Il n'a pas plus, en lui-même, d'institutions que de territoire. Il n'y a pas d'État FFA. Les institutions sont à la fois françaises et allemandes. Son territoire n'est défini que comme un ensemble de « cités » françaises éparpillées sur le sol allemand. Les FFA de longue durée étaient peut-être une sorte originale d'apatride. Le « pays » des FFA dispose pourtant d'un « peuple », constitué par ceux qui ont le sentiment d'appartenir, ou d'avoir appartenu à une « communauté » relativement bien déterminée par son histoire et par ses lieux.

La conscience collective

S'il existe un sentiment d'appartenance chez les FFA, pourquoi n'existerait-il pas de consciente collective ? Suzie Guth répond par la négation :

> « Le principal handicap consiste dans l'absence d'histoire commune. La communauté FFA est l'objet d'un mouvement migratoire continu et les coutumes, les traditions et les représentations communes ne peuvent se forger que par l'intermédiaire de l'institution militaire ; elles prennent alors un caractère formel et institutionnalisé, sans rapport avec une tradition populaire qui permette la reconnaissance de groupe[122]. »

---

[122] *Idem*, p. 91.

Je ne peux qu'approuver ces observations et être en désaccord avec elles dans le même temps. S'il est vrai que le mouvement migratoire a été continu, ce n'a pas été le cas pour tout le monde puisque certains ont passé aux FFA toute leur enfance et leur adolescence. Combien de personnes sont passées par les FFA ? On ne le saura probablement jamais. Il existe environ 1,5 million de Français résidents à l'étranger, mais près de cent mille d'entre eux, encore dans les années 90, faisaient partie des FFA. Cependant, si le nombre global ne changeait pas, les individus, eux n'étaient jamais les mêmes, sauf pour un groupe plus ou moins permanent. On sait que plus d'un million d'appelés aurait fait leur service militaire en Allemagne[123]. Ce serait alors plusieurs millions de personnes, militaires et civils, qui au total auraient transité par les cités et casernes françaises au cours d'un demi-siècle de présence en Allemagne.

Le fait qu'il n'y ait pas de traditions populaires suffit-il à dire que la conscience collective FFA n'existe pas ? Comment n'auraient-elles pu se forger que par l'intermédiaire de l'institution militaire alors que c'est justement la population civile qui a assuré la pérennité de la présence française[124] ? À Baden, la kermesse annuelle de la paroisse ne devait rien à l'institution militaire. Mais, comment des gens venus des quatre horizons et rassemblés dans des lieux divers auraient-ils pu avoir des traditions originales, sinon nationales, c'est-à-dire, dépourvues de tout régionalisme ? Les traditions FFA étaient peut-être tout simplement des traditions françaises et allemandes, la crèche de Noël ou le *fasching*, par exemple.

Il y a donc ici fondamentalement un facteur-temps qui permet de comprendre la conscience collective FFA. Le premier temps correspond à la durée de cette présence collective ou institutionnelle, c'est le temps de l'Histoire. Le second correspond à la durée de présence des individus, très variable, mais qui n'en constitue pas moins le temps de l'expérience humaine sur laquelle se fonderait la consciente collective. De nombreuses personnes n'ont pas été influencées par ce passage – c'était un lieu d'affectation parmi tant d'autres –, contrairement à d'autres qui en ont été profondément

---

[123] *Idem*, p. 9.

[124] *Idem*, p. 209.

marquées. Mais tous les membres des FFA ont partagé durant un temps donné des expériences, un mode de vie, des comportements qui forcément créent un lien entre eux.

Et n'y a-t-il pas chez les FFA une vision du monde commune créée par le milieu FFA et qui conférerait à la consciente collective un élément stable et de cohésion et la transformerait en « culture FFA » ? Le milieu a pourtant connu une relative stabilité, on pourrait presque parler de stagnation, si l'on considère qu'il n'a pas ou peu évolué dans les décennies. Cependant, l'expression individuelle, on l'a vu à plusieurs reprises, était limitée, réduisant ainsi les chances de se créer des traditions distinctives. La communauté s'est construite autour de deux institutions : l'armée et l'administration publique et, en particulier, l'Éducation nationale. Les deux, la première plus que la seconde, étaient régies par des contingences géopolitiques. Il y avait un intérêt supérieur, celui de l'État, présent par ses représentants officiels et ses règles de conduite. L'individu en soi n'existait pas. Pas de possibilités pour lui d'agir sur la communauté dont il faisait partie : il y vivait, mais il ne lui était pas indispensable. L'individu était sans valeur, il était « jetable ». Le fait que l'histoire officielle ignore les FFA en tant que phénomène social montre bien cela.

Pas de révolte possible, ni même de contestation, pas seulement à cause des verrous institutionnels qui avaient été mis en place par le pouvoir, mais par manque de motifs socio-économiques – le cocon doré –, les raisons morales ou intellectuelles ne suffisant pas à créer un mouvement de masse, syndical ou de jeunes. La « violence » n'était pas physique, elle était sournoisement morale. Grèves, manifestations de rue, rébellions de jeunes comme celles que l'on connaît de temps en temps en France ou ailleurs, n'étaient pas pensables.

Qui n'était pas satisfait des conditions, civil ou militaire, pouvait demander à tout moment une nouvelle affectation. Beaucoup, qui ne se plaisaient pas en Allemagne, l'on fait. L'argument souvent avancé à propos des immigrants en France ou en Allemagne – « Ils n'ont qu'à retourner chez eux » – était parfaitement applicable. En tous les cas, ce n'était pas possible pour les enfants, ni même pour les soldats qui faisaient leur service, mais nous avons vu que ces derniers étaient pratiquement exclus de la société FFA. Tous ceux-là ne pouvaient que subir. Les enfants des FFA étaient condamnés à être soumis à l'autorité, ce qui fait une autre différence fondamentale entre eux et les « jeunes de banlieue ».

Cet état de fait – possibilité de partir pour les parents, soumission forcée pour les enfants – s'ajoutait à la rotation permanente des individus et aux relations superficielles, la diaspora et l'isolement après le départ. Tout cela a sans doute contribué à empêcher la création d'une conscience collective *in loco*, c'est-à-dire, dans les « cités » FFA.

Aujourd'hui la société FFA est morte et c'est sur d'autres bases que se crée cette conscience collective ou, plutôt, qu'émerge la conscience collective qui était contenue, n'ayant pas eu la possibilité de s'exprimer auparavant. C'est en quelque sorte une « conscience collective rétroactive » qui repose avant tout sur le sentiment, partagé plus ou moins par les uns et par les autres, d'avoir fait partie, à un moment donné, de l'Histoire et d'avoir appartenu à une communauté particulière. Ce serait bien pour cela que certains cherchent actuellement à se retrouver, à recréer les liens qui se sont perdus dans les lambeaux de l'histoire, pour accéder à une reconnaissance de groupe. Et ce serait en fait ce besoin de reconnaissance qui motiverait, bien plus que la nostalgie, le retour sur le passé.

C'est peut-être aussi, chez les militaires, le sentiment d'avoir servi non seulement la France, mais l'Allemagne aussi qui les pousse à s'exprimer. « Endiguer la ruée des Soviétiques » était la « mission des FFA » selon le site de vétérans, mais ce n'était pas exactement le but initial ; cela l'est devenu par la suite, très vite, et le sentiment final est plus ample, plus fort. Nombreux sont ceux qui pensent que la présence des troupes françaises sur le sol allemand, d'une certaine façon, a contribué au maintien de la paix en Europe occidentale durant un demi-siècle et, par cela, elle a aussi permis à l'Allemagne de se réunifier. Et ce n'est pas rien. Cette conscience collective, c'est au fond une volonté de reconnaissance de l'histoire des FFA et, à travers elle, des individus, pions ou acteurs, qui y ont participé et en qui s'est inscrite une marque qu'ils ne pourront jamais faire disparaître.

3. HISTOIRES COMPARÉES

L'histoire des FFA est-elle un cas unique ? C'est la question que je me suis posée. Dépassant le cadre purement militaire ou politique de la présence française en Allemagne, j'ai cherché, dans les aspects culturels, des sources de comparaison. Les thèmes que j'aborde ici peuvent parfois surprendre, car on est loin d'imaginer le rapport qui puisse exister entre les FFA et des populations d'Afrique ou d'Amérique. C'est en se libérant des faits historiques, spécifiques à chaque situation, que l'on trouve de nombreux points communs et ceux-ci donnent aux FFA une autre dimension[125].

Military brats : les enfants des bases américaines

On ne peut s'empêcher, tout d'abord, d'évoquer les enfants des autres forces présentes en Allemagne, anglaises, américaines. Par les études générales qui ont été faites, ce sont les secondes qui apportent le plus d'éléments de réflexion sur la question des enfants.

Les *British Forces in Germany* (BFG) comprenaient deux grands corps, l'Armée Britannique du Rhin (*British Army of the Rhine*) et l'Armée de l'Air Royale (*Royal Air Force Germany*) qui sont arrivées en 1945 et ont été dissoutes en 1994. Toutefois, certains éléments des BFG sont restés par la suite, le retrait définitif étant prévu pour 2019. En 2010, les membres des BFG étaient au nombre de 47.700 dont 20.000 militaires accompagnés de 23.000 proches (familles) et de 4.700

[125] La plupart des sites Internet de cette section, sauf indication, ont été consultés en 2013.

employés civils. La population était donc supérieure avant 1994. On sait peu de choses sur le nombre de garnisons, sinon qu'il en restait quatre dont le quartier général se trouvait à Herford, près de Bielefeld[126].

Le cas des bases américaines est plus complexe. Si, au début, elles entraient dans le cadre de l'occupation post-guerre de l'Allemagne, elles furent rapidement intégrées dans un système de défense par le biais de bases situées dans divers points du monde. Elles faisaient partie de l'Armée Américaine d'Europe (*United States Army Europe*), ou 7e Armée. Les guerres de Corée et du Viêt Nam puis, plus tard, du Golfe et de Yougoslavie ont eu de fortes répercussions sur la stratégie américaine ; la guerre froide, jusqu'en 1990, était objet de tensions et donnait aux bases en Allemagne une importance majeure. Il y en aurait eu près de 200. Dans les années 50 et 60, certaines ont été transférées à l'armée allemande et d'autres, au gouvernement ou à des municipalités, pour être transformées en campus universitaires. La plupart ont fermé après 1992[127].

Quelle population cela représentait-il ? En 1987, elle était composée de plus de 180.000 militaires auxquels il faudrait rajouter peut-être autant de personnes qui constituaient les familles et les éléments civils d'appui, soit un total de 350 à 400.000 personnes. Le nombre semble élevé, mais si l'on prend en compte le nombre de bases, il n'y aurait eu qu'une moyenne de 2.000 personnes par base. On comprend alors que tout le monde vivait dans l'enceinte de la base qui était un monde clos, avec toutes les infrastructures nécessaires pour les besoins de ceux qui l'habitaient. Cependant, certaines bases étaient plus grandes que d'autres. Autour d'Heidelberg, par exemple, il existait des bases qui comprenaient jusqu'à 16.000 personnes. Mais la plus importante de toutes a été celle de Ramstein, quartier général des forces aériennes de l'OTAN, située près de la ville de Kaiserlautern. Conçue par des ingénieurs français, elle fut construite en 1951 ; les travaux ont été effectués par des

---

[126]fr.wikipedia.org/wiki/Forces_britanniques_en_Allemagne; fr.wikipedia.org/wiki/British_Army_of_the_Rhine.

[127]fr.wikipedia.org/wiki/Liste_des_bases_militaires_des_États-Unis dans_lemonde.

entreprises allemandes et terminés en 1953. On distingue deux bases séparées par l'Avenue Kisling : la *Ramstein Air Base* au nord et la *Landstuhl Air Base* au sud. La première comprend des quartiers généraux et des habitations pour les militaires et leurs familles[128].

Par la suite, les installations se sont étendues pour devenir ce que les Américains appellent la « Communauté Militaire de Kaiserslautern ». Elles comprenaient, en plus des deux bases citées, neuf casernes, dépôts et baraquements ; notons que sur la base de Landstuhl a été construit l'Hôpital Militaire Régional, un des plus importants de l'armée américaine. Les 53.000 personnes, militaires, familles et civils inclus, qui y vivaient formaient la plus grande communauté américaine extraterritoriale[129].

On ne sait rien sur la vie des familles, mais les établissements scolaires sont une indication. La communauté disposait de dix établissements, dont 4 écoles primaires, 4 collèges et 2 lycées (*High School).* Ils faisaient partie du Département de Défense (DoD), les professeurs étaient probablement des civils. En 2008, le lycée de Ramstein recevait 1.057 élèves. On imagine donc que la population de la communauté a été bien supérieure avant 1990, mais les éléments civils dans l'ensemble des bases étaient peu nombreux, tous les documents consultés l'indiquent. Un autre chiffre le confirme : 80 % des élèves étaient enfants de militaires[130].

Et c'est justement à ces enfants que les chercheurs se sont intéressés. Les *military brats* sont les enfants de militaires qui servent à plein temps dans l'armée, qu'ils le soient actuellement ou l'aient été dans le passé. Par leur mode de vie, ils constituent une sous-culture américaine[131].

Déplacés en permanence d'un pays ou d'une base à l'autre, ils ne disposent pas d'une « ville natale » dans le sens où ils ne grandissent pas dans celle où ils sont nés, mais dans une multitude d'endroits : ce sont des nomades, voyageurs éternels et citoyens du monde. Ils sont sans cesse soumis à la culture militaire et à l'adaptation aux langues

---

128 fr.wikipedia.org/wiki/Ramstein_Air_Base.

129 en.wikipedia.org/wiki/Kaiserslautern_Military_Community.

130 www. gettingaround.net/pages/dodds.php.

131 en.wikipedia.org/wiki/Military_brat_(U.S._subculture).

et cultures étrangères des régions dans lesquelles ils habitent. C'est une différence par rapport à la population américaine civile qui, elle, bouge fort peu. Le stress familial lié à la guerre, fait partie de la vie des épouses et des enfants. L'absence du chef de famille, temporaire quand il est en mission ou définitif en cas de décès, oblige les autres membres à prendre des responsabilités très tôt[132], ce qui différencie encore les familles de militaires de celles des civils.

Les chercheurs ont montré que les enfants de militaires étaient souvent mal compris par la population civile, parfois méprisés, et eux-mêmes ont tendance à se voir négativement. En fait, cette perception correspondrait à une inadaptation à la vie dans une société non-militaire, du fait d'une culture et d'une identité bien différentes.

Il est clair que ces études se basent sur des données générales relatives à l'ensemble des enfants de militaires vivant dans le monde et pas seulement en Allemagne. Néanmoins, le séjour en Allemagne était très court – 3 ans en moyenne – et s'il n'y avait pas de conflits sur place, les enfants devaient être, directement ou non, dans d'autres lieux d'affectation ou par les personnes qu'ils croisaient, en rapport avec la guerre. Ils étaient donc souvent soumis au stress et leur vie était probablement bien loin du cocon doré et de l'insouciance des enfants FFA.

Ils ne pouvaient guère plus que ces derniers créer des amitiés durables et pour cette raison, dans la vie adulte, certains recherchent ce qu'ils n'ont pas eu dans l'enfance : des relations profondes, stables. Parce qu'ils doivent constamment se faire de nouveaux amis pour remplacer ceux qu'ils ont perdus, les *military brats* sont souvent extravertis et indépendants ; près de 80 % déclarent qu'ils peuvent avoir des relations avec les autres, sans tenir compte des différences raciales, ethniques, religieuses ou de nationalité. Ils sont très sociables et choisissent le plus souvent des professions liées au service des autres : armée, enseignement, aide-conseil, police, soins infirmiers. Toutefois, ayant subi la discipline militaire des années durant, ils ont une prédilection pour le travail indépendant, pour éviter la soumission directe à des figures d'autorité. Par habitude, ils

[132] en.wikipedia.org/wiki/Military_sociology.

s'adaptent facilement, mais ils peuvent se sentir comme des étrangers à la culture civile américaine. Un tiers des *brats* se sentirait spectateur de la vie américaine, et la moitié d'entre eux n'a pas l'impression d'appartenir à un groupe. Il est fort probable que les enfants FFA se reconnaîtront dans cette psychologie des *military brats* américains et pas seulement les enfants de militaires, car les civils, bien que moins soumis aux changements de domiciles, n'en étaient pas moins dépendants du cadre militaire dans lequel ils vivaient[133].

Dans les études sociales américaines, les *military brats* font partie d'un groupe qualifié de « Enfants de Troisième Culture » (*Third Culture Kid* – TCK). L'expression désigne les enfants qui accompagnent leurs parents dans une autre société, ceux qui ont passé une période de temps significative dans une ou plusieurs culture (s) autre que la leur ; ils intègrent ainsi des éléments de ces cultures à leur culture de naissance, formant ainsi une troisième culture. Cela inclut, bien évidemment, les populations de migrants, y compris les jeunes de banlieue que j'ai évoqués plus haut[134].

La notion de troisième culture, cependant, me semble provenir d'une démarche méthodologique pour tenter de réduire la diversité de situations, naturellement complexes, plus que d'un concept en soi. En Europe, on préfère parler de multiculturalisme, associé à l'idée d'intégration, qui prend en compte tous les éléments sociaux, c'est une autre approche[135]. Quelle que soit la méthode, on est toujours confronté aux mêmes problèmes pour définir la culture et l'identité des populations concernées.

Ainsi, dans le cas des *military brats*, les facteurs seraient bien plus liés à l'activité militaire qu'aux cultures étrangères, justement à cause du peu de temps qu'ils restent dans les pays étrangers et par le fait qu'ils en soient isolés en vivant en autarcie dans les bases. La mobilité, l'isolement et la vie dans un état de guerre quasi permanent depuis 1945 constitueraient les éléments fondamentaux de leur personnalité. Pour eux, donc, pas question de nostalgie. Ils n'ont pas

---

[133] en.wikipedia.org/wiki/Military_brat_(U.S._subculture).

[134] en.wikipedia.org/wiki/Third_culture_children.

[135] SAVIDAN, Patrick, *Le multiculturalisme*, 2e. Ed., Coll. Que sais-je, Paris, PUF, 2011.

de « paradis perdu » ni de repères géographiques suffisamment importants, comme l'a été l'Allemagne pour les FFA, surtout pour les enfants de civils.

Il n'empêche qu'il existe des sites qui leur sont destinés et cela est très intéressant. Le premier est celui de Brats Sans Frontières (*Brats Without Borders*), une association sans but lucratif qui vise à apporter un soutien scolaire aux *brats* et aux TCK[136]. C'est déjà une tentative de créer un lien entre tous ces enfants. Mais le plus important est le site des *military brats*[137] qui est avant tout un forum où chacun peut s'exprimer, partager des expériences, y compris retrouver des amis d'enfance, et qui est sans doute aussi un lieu d'entraide pour tous ceux qui sont dans des difficultés, principalement d'ordre psychologique. Ce site témoigne donc d'un besoin de se retrouver avec ceux qui sont du même monde, qui appartiennent à la même communauté et de l'existence d'une conscience collective. Mais les manifestations sont probablement plus intenses que chez les FFA, car ils concernent bien plus de personnes, des millions peut-être, avec un espace planétaire et des circonstances bien plus dramatiques que le milieu FFA, réduit aux « cités » et au cocon doré.

Flucht und Vertreibung

On peut aussi faire un lien entre les FFA et le mouvement *Flucht und Vertreibung* qu'Alice Volkwein étudie en profondeur. Il s'agit de la « fuite et expulsion » des Allemands hors des anciens territoires orientaux du Reich et de différents pays d'Europe orientale au sortir de la Seconde Guerre mondiale[138].

L'auteur montre comment les autorités des deux Allemagne, chacune en fonction de son idéologie, ont évacué de l'histoire officielle ces mouvements forcés de population. Aujourd'hui, ceux-ci

136 www.bratsourjourneyhome.com/nonprofit.htm.

137 www.militarybrats.net/.

138 VOLKWEIN, Alice, « "*Flucht und Vertreibung*" : contexte et antécédents ». Publié le 19 avril 2007. cle.ens-lsh.fr/1176991203384/0/fiche article/&RH=CD L_ALL101000. Tous les documents de cette auteur disponibles sur Internet ont été consultés en 2008.

font l'objet d'un grand débat en Allemagne et dans les pays concernés, non seulement sur le contenu factuel et les effets socioculturels, mais aussi sur la façon de traiter cette histoire et de l'intégrer dans une ligne de recherche. Volkwein propose de la mettre dans le cadre d'une histoire européenne des migrations forcées.

La présence en Allemagne des troupes françaises n'est pas le résultat d'une migration forcée et, on l'a bien compris, il n'y a pas en soi une population spécifique touchée par le phénomène. La population FFA était entièrement composée de Français, certes, mais venus de tous lieux. Ils étaient en Allemagne de façon relativement consentie. S'il y avait un caractère « forcé », il était lié aux fonctionnements de l'institution militaire ou de l'État français en ce qui concerne les personnels civils. Mais chacun pouvait repartir d'Allemagne en faisant sa demande de mutation.

Même si le départ des troupes ne constitue pas une « expulsion », on ne peut s'empêcher de penser que le retrait des Français d'Allemagne a eu un caractère relativement massif. En l'espace de quelques années, ce sont des dizaines de milliers de personnes qui ont été « déplacées ». J'emploie volontairement ce mot, à titre de comparaison, mais il ne correspond pas à la réalité pratique. Dans les faits, les forces françaises ont été rapatriées en France et les personnes se sont éparpillées dans les villes et les garnisons françaises. On n'a pas eu, comme dans le cas des populations allemandes des territoires orientaux, de déplacement d'un lieu précis à un autre.

L'autre point commun des FFA avec le mouvement *Flucht und Vertreibung,* toujours en se basant sur les travaux d'Alice Volkwein, et dans la constatation de l'absence d'une reconnaissance officielle du phénomène, ce qui montre l'importance de la mémoire de ceux qui ont vécu les événements pour la (re) construction de l'histoire.

En consultant plusieurs familles allemandes déplacées, l'historienne parle de la différence des récits, de la transmission d'une génération à l'autre et d'une relative continuité dans la mémoire. Pour elle, la dimension de la mémoire communicative de la fuite et expulsion apparaît ici plus forte que la dimension familiale[139]. Autrement dit, la mémoire plurielle tend à faire disparaître la mémoire individuelle et à se transformer en histoire.

Quand on se penche sur les générations de Français qui sont passées par les FFA, on en compte quatre, car chacune des deux générations FFA que j'ai définies se subdivise en deux générations : celle des parents et celle des enfants. L'expérience, le point de vue des parents ne sont pas, bien évidemment, les mêmes que ceux des enfants. Cependant, la première génération de parents est aujourd'hui en voie de disparition. On ne pourra jamais en connaître l'histoire que par leurs enfants ; les souvenirs qu'ils ont de leurs parents et de ce que ces derniers racontaient, automatiquement, se trouvent mêlés aux leurs. Les parents de la seconde génération ont eu une expérience différente de ceux de la génération précédente. Comme je l'ai dit, l'Allemagne des années 70 et 80 n'était pas celle des années 50 et 60. Néanmoins, ils sont les seuls aujourd'hui qui peuvent témoigner de ce que fut la vie aux FFA, du point de vue des adultes.

Enfin, comme pour les descendants des populations allemandes déplacées, cette mémoire s'entend au pluriel, car c'est de cette pluralité que l'on pourra réellement comprendre ce que fut l'histoire commune des FFA.

Pieds-Noirs et *Retornados*

À ce stade de la réflexion, comment ne pas faire le rapprochement de l'histoire des FFA avec celle d'autres populations qui, bien qu'ayant existé dans des lieux et des circonstances très différentes, présentent des points semblables ?

Le premier exemple est celui des Pieds-Noirs et, plus particulièrement, ceux d'Algérie : ceux-ci ont une autre histoire, leur

---

139 VOLKWEIN, Alice, « "*Flucht und Vertreibung*" dans la mémoire privée familiale ». Publié le 25 avril 2007.cle.ens-lsh.fr/1177524017105/0/fiche_article/&RH=CDL_ALL101000.

histoire[140]. Il ne s'agit pas ici de parler des événements – il existe suffisamment de livres sur le sujet – mais plutôt de porter un regard sur les similitudes entre le sort des « rapatriés » et les sentiments qu'ils portent à leur passé et à leur présent.

Comme pour les FFA, on constate qu'une grande partie de l'histoire a été évacuée. Jean-Jacques Jordi remarque à ce propos : « Assez curieusement, les historiens et les sociologues estimaient que, n'étant ni émigrés ni étrangers, les rapatriés n'avaient posé que des problèmes à court terme, problèmes résolus »[141] . Les rapatriements sont absents ou à peine évoqués dans la plupart des ouvrages jusqu'en 1998. Par contre, il apparaît clairement, à voir le nombre d'ouvrages publiés ces quinze dernières années, que la « question » des Pieds-Noirs refait surface. On trouve même, peut-être un peu en marge, des études qui dévoilent des aspects peu connus de l'histoire de l'Algérie, telle celle des « pieds-rouges »[142] et même des romans[143]. Cela signifie que beaucoup de choses n'ont pas encore été dites.

Les Pieds-Noirs, « considérés » français par leur nationalité, ont vécu le « rapatriement » comme un exil, puisqu'ils étaient algériens « de sol et de cœur » avant tout, sans pour autant renier leur appartenance à la France. La plupart d'ailleurs ne connaissaient même pas la France métropolitaine. Après, ils n'ont pas réussi, même par le biais des associations, à créer une véritable communauté, car ils sont toujours liés aux controverses et sujets chauds du passé, du côté français comme algérien. Quand les associations refusent le discours officiel et estiment être les seules à pouvoir légitimement dire « la vérité » à propos de l'histoire[144], c'est qu'il y a bien plus qu'une version des événements, à savoir la vie quotidienne, le vécu à la fois

---

140 DELPARD, Raphaël, *L'histoire des Pieds-Noirs d'Algérie (1830-1962)*, Paris, Michel Lafon, 2002.

141 JORDI, Jean-Jacques, *Les Pied-Noirs*, Coll. Idées reçues, Paris, Le cavalier bleu, 2009, p. 168.

142 SIMON, Catherine, *Algérie, les années pieds-rouges. Des rêves de l'indépendance au désenchantement (1962-1969)*, Paris, La Découverte, 2009.

143 FARALE, Dominique. *Les déportés d'Algérie. Une saga familiale*. Paris. LBM, 2009.

144 JORDI, Jean-Jacques, *Op. Cit.* p. 174.

intime et collectif de la population, autant sur le sol algérien avant et pendant la guerre que par la suite sur le sol français.

Trente ou quarante après, bien que la génération de Pieds-Noirs rapatriés soit en voie d'extinction, les enfants et petits-enfants ne peuvent, ni ne semblent vouloir, couper définitivement le lien avec les origines et l'histoire :

> « Ces Français de là-bas, ces Pieds-Noirs d'ici, ces provinciaux sans province, entendent livrer, chacun à leur manière, leur dernier combat, celui de l'origine et de sa revendication par leurs descendants, sans honte ni gloire d'ailleurs[145]. »

Les FFA, à leur façon, sont aussi des « provinciaux sans province ». On rencontre ici, la même volonté de reconnaissance que chez les FFA, à un degré bien évidemment supérieur, fondée sur une histoire bien plus consistante et justifiée par bien des souffrances.

Des phénomènes semblables se passent, cette fois au Portugal, avec les *Retornados*, l'équivalent de nos rapatriés, venus des colonies d'Afrique et plus spécialement de l'Angola, au moment de l'Indépendance, en 1975, après la Révolution des Œillets qui a mis fin à la dictature salazariste, le 25 avril 1974.

L'Angola est une colonie portugaise depuis le temps des découvertes, au XVIe siècle. Ce n'est, toutefois, qu'à partir du XIXe siècle et surtout après 1940 que le peuplement par des colons portugais a pris son essor. Entre 1923 et 1938 entrent 65.376 colons. En 1960, quand commence la guerre d'Indépendance, ils sont 172.529 dont un tiers né dans le pays. À ce moment-là, les blancs ne représentent que 3,6 % de la population et les métis 1,1 %, alors que les noirs sont 95,3 % sur un total de 4.830.449 habitants[146]. À la fin de la guerre, en 1975, ce sont près de 500.000 *Retornados* (5 % de la population du Portugal) qui débarquent à Lisbonne grâce à un pont aérien sans précédent.

Bien plus qu'occultée ou présentée dans une version officielle, comme dans le cas les rapatriés français, l'histoire des *Retornados* a été

---

145 *Idem*, p. 168.

146 PIMENTA, Fernando Tavares, *Angola, os Brancos e a Independência*, Lisboa, Edições Afrontamento, 2008, pp. 450-453.

un véritable tabou dans la société portugaise. Il faut attendre trente ans pour que la mémoire fasse son travail de (re) construction de l'histoire et de l'identité de ces *Retornados*. Depuis sept ans, sortent en librairie des livres de toutes sortes sur ce thème. On y trouve les mémoires d'un des acteurs représentant le gouvernement de l'époque, le général Silva Cardoso, pour qui la perte de l'Angola a été une tragédie[147]. Une thèse montre le rôle des blancs dans le mouvement pour l'indépendance[148]. À propos des Portugais d'Angola disparus et prisonniers des deux camps, lors de la guerre d'Indépendance, Leonor Figueiredo a exhumé les « fichiers secrets de la décolonisation » et dit que « Ce sont des histoires de deuil et de douleur. De citoyens qui encore aujourd'hui se sentent victimes d'injustice », car l'État n'a pas indemnisé les *Retornados*. Et elle constate :

> « Les 34 ans qui sont passés nous éloignent des événements, mais n'effacent pas les faits. Ni la capacité de nous indigner. L'État portugais n'a rien voulu savoir – et ne le veut pas plus aujourd'hui. Et, dans les relations entre Portugal et Angola, tout s'est passé (et se passera toujours) comme si rien n'était arrivé[149]. »

On trouve encore des romans qui sont aussi des témoignages qui attestent le fort besoin de s'exprimer après tant d'années de silence[150]. Parallèlement, on publie aussi des livres sur l'histoire et la littérature d'Angola, en plus d'auteurs de romans angolais (Pepetela, José Eduardo Agualusa) et cela paraît logique, car l'Angola, pour les *Retornados*, est tout sauf une terre étrangère. La plupart de ces livres sont des best-sellers, montrant le grand intérêt que les Portugais, auxquels se confondent les nombreux *Retornados* et leurs descendants, portent à cette page de l'histoire des deux pays.

---

147 CARDOSO, Silva (General), *Angola, anatomia de uma tragédia*, 7ème ed., Lisboa, Oficina do livro, 2009 (1ère ed. 2000), p.10.

148 PIMENTA, Fernando Tavares, *Op. Cit.*

149 FIGUEIREDO, Leonor, *Ficheiros secretos da descolonização de Angola*, 4ª ed., Lisboa, Alêtheia Editores, 2009, p. 10.

150 MATEUS, António, *Lobito*, Lisboa : Guerra e Paz, 2009. MAGALHÃES, Júlio, *Os Retornados. Um amor nunca se esquece*, 12e ed. Lisboa, A esfera dos livros, 2008.

La journaliste Ana Sofia Fonseca a eu la bonne initiative de recueillir les témoignages de *Retornados* et de personnes restées sur place pour décrire la vie quotidienne des Portugais en « Angola, terre promise » ; c'est dans cet ouvrage que l'on retrouve certains points communs avec les FFA dans le sens où l'histoire n'est pas seulement celle des faits, mais aussi celle des personnes qui l'ont vécu. Voici ce qu'elle en dit :

> « Une époque est un lieu de rencontre et de séparation. Il y a l'espace, le temps, des personnes dedans. Des hommes et des femmes. Personnages d'un monde qui n'est plus, ils portent l'Angola collé à l'âme. Chacun a son histoire, mises ensemble, elles dévoilent le portrait d'une période qui est encore une nuit sombre, provoque amour et haine et garde ses mystères. C'est le passé qui marque le présent, car le passé plus ou moins proche n'est pas écrit dans le calendrier, mais à l'intérieur de chacun[151]. »

Les Portugais – la communauté blanche – étaient très minoritaires. Ils vivaient en vase clos sur un vaste territoire peuplé de noirs qu'on ignorait tout simplement : ils étaient « invisibles ». Sauf à l'école peut-être.

La vie ressemble fort au cocon doré des FFA, dans un autre contexte, les loisirs en plus. Les Portugais vivaient surtout dans les villes. Les parents travaillaient, les enfants étudiaient, mais en dehors de cela les distractions étaient nombreuses. Les jeunes allaient à la plage, au cinéma, au bowling, aux fêtes entre eux où l'on dansait et flirtait. Ils faisaient du bateau, à voile et hors-bord, organisaient des courses de voiture. En bref, c'était la *dolce vita*. Avec un train de vie élevé, ils vivaient dans l'insouciance tout comme les FFA. La vie en Angola était d'autant plus appréciée que, en métropole, les conditions économiques et sociales n'étaient guère attrayantes et la dictature, depuis les années 30, sévissait. La PIDE[152], la police secrète, terreur des Portugais, qui pourchassait impitoyablement les opposants au régime, n'arriva en Afrique qu'en 1954.

---

151 FONSECA, Ana Sofia, *Angola, terra prometida. A vida que os portugueses deixaram*. Lisboa, A esfera dos livros, 2009.

152 La PIDE est équivalente à la Stasi de la RDA.

On comprend alors le traumatisme que fut pour les *Retornados* le départ en masse d'Angola :

> « Beaucoup d'entre eux étaient en Afrique depuis des générations, n'avaient jamais mis les pieds au Portugal. D'autres avaient tant construit leur vie là-bas qu'ils en perdaient ici leurs racines. Le Portugal n'était pas le pays où ils revenaient, mais celui dans lequel ils se réfugiaient[153]. »

Aujourd'hui encore, ils restent marqués par ce départ et les souvenirs et la nostalgie ont fait place aux moments de bonheur :

> « Beaucoup de ceux qui ont quitté l'Angola ont gardé le meilleur de leur vie dans des photos jaunies. Ils sont Angolais, ça se voit sur leur visage, seul ne le voit pas qui ne le veut pas. Ils sont Angolais, mais d'un Angola qui n'existe plus. D'une époque pendant laquelle les autres Angolais n'avaient pas les mêmes possibilités ni les mêmes joies. Mais un passé heureux est un grand amour[154]. «

Il est intéressant de constater dans les récits des témoins – sans doute parce qu'ils étaient jeunes à l'époque – l'importance qu'avaient dans leur vie les établissements scolaires. En 1968, il y avait 3.326 écoles primaires et 58 lycées dans tout l'Angola et 20.793 élèves étaient dans l'enseignement secondaire. Il n'y avait pas la télévision (d'où les nombreux loisirs externes), la radio et la musique (Beatles, chansons françaises) occupaient une place privilégiée, on recherchait les produits de luxe (briquets Zippo) ou les nouveautés comme le Coca Cola. On évoque les sorties, les boums, les amours. Entre tous les lycées, celui de la ville de Sá da Bandeira (aujourd'hui Lubango) – le Liceu Nacional Diogo Cão – était assimilé à l'université de Coimbra, au Portugal. Il régissait pratiquement la vie de tous les habitants, par ses manifestations régulières et ses traditions typiquement portugaises. Finalement, les « enfants d'Angola » ressemblent beaucoup à ceux des FFA, c'est peut-être aussi une question de génération.

---

153 FONSECA, Ana Sofia, *Op. Cit.*, p. 17.

154 *Idem*, p. 18.

On observe alors chez les *Retornados* une attitude semblable à celle des rapatriés français : le travail de mémoire. Selon Jean-Jacques Jordi,

> « Cette démarche va de la constitution de bibliothèques spécialisées sur le pays perdu à la collection de photos du village ou du quartier, en passant par la création de sites Internet ou la rédaction d'ouvrages de mémoire, la plupart du temps moins pour se justifier d'ailleurs que pour laisser un témoignage aux générations futures. À ce propos, Lucienne Martini a très justement parlé de racines de papier[155]. »

Ce qui se produit chez les enfants des FFA apparaît donc comme une réaction naturelle, même si leur histoire n'a rien de dramatique, comparée à celle des rapatriés d'Algérie ou de l'Angola. La guerre est pourtant un fond commun. Alors que l'Indépendance est constituée de combats, de faits sanglants, de douleurs pour les Pieds-Noirs et les *Retornados*, la guerre froide n'est qu'en toile de fond pour les FFA, sans conséquences physiques et morales directes pour eux.

Les enfants des FFA, comme les vétérans ou tous les anciens des FFA, n'ont rien à « digérer » ni traumatisme à surpasser et c'est sans doute pourquoi le délai de trente ou quarante ans, qu'il a fallu aux autres, ne leur est pas nécessaire pour exprimer les mêmes sentiments de nostalgie et ce besoin de mémoire et de reconnaissance. Pour les jeunes surtout, l'Internet est le moyen le plus rapide pour refaire les contacts, se retrouver et finalement, à travers cette démarche, (re) construire l'histoire.

Le cas des Zoniens

De toute l'histoire de communautés semblables aux FFA qui ont existé, celle des « Zoniens[156] » leur est probablement la plus proche. Il

---

[155] JORDI, Jean-Jacques, *Op. Cit.* pp. 168-169.

[156] J'ai francisé le mot *Zonian* qui n'est en fait employé qu'en anglais dans ce sens précis. D'usage récent et de forme plus générale, « zonien » peut aussi faire référence à quelque chose qui appartient à une zone particulière, une zone franche, par exemple.

s'agit des personnes qui ont vécu dans la zone du Canal de Panama à l'époque où elle était américaine.

Pour reprendre brièvement l'histoire, c'est en 1880 que le Français Ferdinand de Lesseps commence les travaux du Canal de Panama. Il doit abandonner suite à des pertes humaines (fièvres tropicales) et financières gigantesques. Les travaux sont alors repris par les États-Unis. En 1903, le Panama, qui est une province de la Colombie, devient indépendant. En 1912, le pays cède aux États-Unis, à perpétuité, la zone du canal contre 10 millions de dollars et une location annuelle de 250.000 dollars. Malgré cela, les relations entre le Panama et les États-Unis restent en permanence conflictuelles. En 1977, ils signent le traité Torrijos-Carter qui met en place le processus de restitution du canal au Panama. Celle-ci se réalise effectivement le 31 décembre 1999.

Juridiquement, la zone du canal était un territoire[157] que les États-Unis ont contrôlé seuls de 1903 à 1979, puis conjointement avec le Panama jusqu'en 1999, la zone étant alors considérée comme neutre. Dans les faits, la zone était américaine : un territoire fédéral avec, à sa tête, un gouverneur nommé par le président des États-Unis. Dès le début, la zone a été utilisée à des fins militaires, l'armée étant appuyée par près de 3.000 civils. En plus des bases militaires, il existait des villes, des ports avec bien entendu les hôpitaux, les écoles, les magasins et toutes les infrastructures nécessaires. Pour cela la zone était souvent considérée par les Panaméens et autres latino-américains comme une colonie[158].

Luis Romero s'est intéressé à l'histoire des Zoniens et a réalisé, en 2010, un fabuleux documentaire intitulé *El ultimo soldado* (Le dernier soldat). Le synopsis le présente ainsi :

> « Il narre l'histoire de la présence nord-américaine au Panamá et les relations sociales qui se sont créées durant presque un siècle. On y remarque l'insolite convivialité qui comprenait un système

[157] Le territoire, long de 80 km, avait une superfície de 1.676 m2.

[158] *Grande Enciclopédia Cultural Larousse,* São Paulo, Nova Cultural, 1998 et fr.wikipedia.org/wiki/Histoire_du_Panama; Panama_Canal_Zone-Wikipedia,_the_free_encyclopedia (Consulté en 2011).

de lois nord-américaines qui régissaient la zone du canal, en parallèle aux lois locales[159]. [...] » (C'est moi qui souligne).

La question de la loi est un point que je n'ai pas abordé, car la situation des FFA était autre. La loi principale était territoriale, c'est-à-dire, allemande. La loi française était limitée et s'appliquait surtout sur le plan militaire et administratif, on devrait plutôt parler de règles de conduites, qui n'étaient pas écrites. L'auteur du synopsis, cependant, note le caractère « insolite » de la convivialité qui, plus que la loi, se réfère aux relations entre Zoniens et Panaméens, qui caractérisait aussi celle des FFA dans leurs relations avec les Allemands. Bien que situées dans un cadre très particulier, elles n'étaient peut-être guères différentes sur le fond. La suite du synopsis en fait part :

> « C'est un témoignage du système de vie, qui comprenait sur le sol ses lois propres, son commerce libre d'impôts panaméens, son système éducatif (écoles et universités), ses moyens de communication (poste, radio, presse et TV), et tout un territoire dans lequel aucun Panaméen ne pouvait entrer[160]. »

On comprend bien ici ce que les Zoniens ont de commun avec les FFA. La Zone du Canal se distinguait du « territoire FFA » par sa continuité et son organisation typiquement américaine nettement plus poussée, qui en fait le charme et l'efficacité, sans comparaison avec celle des FFA. Dans de bien moindres proportions, les bases américaines en Allemagne reposaient sur le même principe. On constate l'importance de la « communauté civile » qui, comme chez les FFA, soutenait la présence militaire. Et c'est chez les éléments civils, ceux qui sont nés dans la Zone, que se pose, pareillement aux enfants FFA dans la même situation, la question des « racines » :

> « Mais, parallèlement à la présence militaire, la zone du Canal a généré une communauté civile qui a fait sa vie au Panama, dont les enfants nés au Panama ont été appelés « zoniens » et qui, bien que citoyens américains n'avaient pas de racines aux États-Unis.

---

159 www.elultimosoldado.com (Consulté en 2013).

160 *Ibidem.*

Beaucoup d'entre eux sont restés vivre au Panama après l'année 2000[161]. » (C'est moi qui souligne).

Pour les Panaméens, la Zone du Canal avait un caractère politique. Théoriquement, ils avaient libre accès à la Zone, mais, dans la pratique, il leur était interdit. Et c'était d'autant plus gênant et humiliant que la zone coupait le Panama en deux. Les Américains avaient établi une frontière à ne pas dépasser que des soldats surveillaient en permanence. Des voitures de police pénétraient souvent en territoire panaméen pour empêcher d'agir ceux qui voulaient passer illégalement.

On peut facilement imaginer le sentiment qui a animé les Panaméens le jour de la restitution du territoire. Dans les films d'archives, on peut entendre la foule hurler le compte à rebours du moment de la restitution, le 31 décembre 1999, puis voir la marée humaine envahir la zone à l'heure tapante dans une liesse et une émotion qui ne sont pas sans rappeler celles des Berlinois lors de la chute du mur de Berlin, dix ans plus tôt.

La récupération des « cités » françaises en Allemagne par les Allemands n'a bien entendu pas eu le même impact politique et historique, mais il n'en a pas moins contenu, du moins affectivement, le caractère symbolique. En cela on peut comprendre la quasi-destruction des « cités » de Baden-Baden, siège du gouvernement FFA. C'était sans doute là une façon de laver la honte et l'humiliation qu'elles provoquaient contenue pendant tant d'années. Cependant le sentiment serait contrebalancé par le fait que les Badenois appellent aujourd'hui *Stadtteil Cité* l'ancien quartier français et les rues ont des noms français.

Pour les Zoniens, de forme identique aux FFA, s'est posée la question de « l'après ». Pris entre deux pays, ceux qui sont restés au Panama doivent se situer ; entre la citoyenneté panaméenne et américaine, un grand nombre hésite. La plupart sont des « descendants d'ouvriers américains civils qui, entre 1900 et 1999, ont construit le canal ou ont travaillé à son fonctionnement et à sa maintenance. Certains sont restés, affectés aux mêmes occupations. Mais les Zoniens sont aussi des citoyens américains nés dans la Zone

---

161 *Ibidem.*

du Canal ou qui y ont passé leur enfance[162] ». Et comme les FFA, ils organisent leurs retrouvailles : « La Société du Canal de Panama organise chaque année une réunion pour les Zoniens, habituellement à Orlando, en Floride[163] ».

Silvio Sirias s'est intéressé aux Zoniens et les a rencontrés. Leurs témoignages sont particulièrement intéressants, car, même si le contexte est différent, on y retrouve toujours quelque chose de commun aux FFA. Le titre de l'article en lui-même est déjà éloquent : « Les enfants de ceux qui sont restés »[164].

L'auteur a réuni un groupe de jeunes nés après 1980. Pour ces derniers, pour être Zonien il faut être né avant 1979, année du traité Carter-Torrijos, c'est-à-dire que leurs parents le sont et ils se définissent comme descendants de Zoniens. Sirias leur demande de lui décrire comment était la vie avant. La première impression qui se dégage est « une image d'utopie, une société parfaite ». Les conditions matérielles l'expliquent : « On y gagne bien sa vie. On a la sécurité de l'emploi, avec le logement et d'autres services fournis gratuitement et, en tout premier lieu, les soins médicaux et dentaires ». L'éducation et les loisirs sont au top niveau avec « d'excellents collèges publics, des piscines réservées, des terrains de sports parfaitement entretenus et des courts de tennis ». La vie associative est intense, chez les jeunes comme chez les vieux. Les gens vivent les portes ouvertes, « c'est une communauté extrêmement unie »[165].

Cela ne nous rappelle-t-il pas les FFA ? Comme eux, ils vivaient en autarcie. Stevie Bodden raconte :

> « Il n'y avait aucune raison pour nous de sortir de la Zone. J'avais 13 ans la première fois que j'ai visité Panama [...]. Mais nous avions tout ce dont nous avions besoin dans la Zone. Nous faisions tous nos achats aux économats et dans les magasins de l'armée, en payant moins cher qu'aux États-Unis. La Zone avait des

[162] Zonian_Wikipedia,_the_free_encyclopedia.htm (Consulté en 2011).

[163] *Idem*.

[164] SIRIAS, Silvio, « *The children of those who stayed* ».www.thepanamanews.com/pn/v_09/issue_24/community_02.html. (Consulté en 2011).

[165] Traduction libre, comme pour tous les extraits de cet article cités.

> restaurants fast-food américains et plusieurs cinémas. Par conséquent, aller au Panama était complètement inutile[166]. »

Et il n'y a rien d'étonnant lorsque l'auteur leur demande ce qui leur manque le plus de la vie dans la Zone, ils répondent tous spontanément : « Nos amis qui sont partis. La vie est devenue ennuyeuse ici sans eux. »

En ce qui concerne les relations avec les Panaméens, la situation est identique à celles qu'on a vues entre Français et Allemands au temps des FFA, peut-être pire puisqu'elles étaient totalement inexistantes ; les Français allaient quand même dans le « territoire » allemand. Stevie raconte encore :

> « Nous sortions rarement de la Zone. Quand nous nous hasardions en dehors, dans la ville, c'était pour aller au restaurant ou au cinéma. Et nous sortions toujours en groupe. Pour être honnête, je ne me suis pas fait d'amis panaméens après avoir quitté le collège. Même avant, il ne m'est jamais venu à l'esprit d'avoir des Panaméens sur ma liste d'amis[167]. »

Après la « réunification », la situation perdure. Et les Zoniens semblent un peu souffrir aussi des idées reçues :

> « Et c'est plus dur pour les filles. Les hommes panaméens nous acceptent, mais les femmes panaméennes ne nous veulent pas près d'elles. Bien plus, beaucoup de Panaméens ont tendance à nous juger à travers les stéréotypes qu'ils ont des Américains et non pas comme des individus[168]. »

Le même problème identitaire se passe aux États-Unis, pays dans lequel ils ne se sentent pas à leur place. « Mes parents me voient comme un étranger, plus Panaméen qu'Américain » témoigne Stevie. « Les gens y sont froids, alors qu'ici ils sont tous *Abrazos y besos* »[169], dit Roy. « Quand je vais aux États-Unis, je suis triste de voir que ce

---

166 SIRIAS, Silvio, *Op. cit.*

167 *Idem.*

168 *Idem.*

169 *Idem.* Embrassades et baisers. En espagnol dans le texte. C'est une façon d'exprimer la convivialité des Panaméens que les Zoniens ont adoptée.

peuple ne se rend pas compte que le Panama est un endroit merveilleux. Ils pensent que nous vivons dans des conditions primitives », ajoute Angie.

On peut noter ici l'emploi du mot « peuple » pour désigner les Américains des États-Unis, ainsi que l'a fait une jeune française FFA dans le reportage de Jean-Claude Bringuier, en parlant des Français de France. C'est un indicateur mental de séparation culturelle.

« Je suppose que nous ne serons jamais parfaitement bien ailleurs que dans la Zone elle-même », renforce Stevie, approuvé par tous les autres participants.

Quant à la culture zonienne, Silvio Sirias commente :

> « La culture zonienne n'a pas profondément pénétré la société panaméenne. ...]. La séparation des Zoniens et la belle vie tranquille qu'ils menaient, ont fait que les traits et les traditions établies par les Américains qui vivaient et ont travaillé ici pendant presque un siècle sont restés étrangers aux Panaméens[170]. »

On peut presque dire la même chose de la présence française en Allemagne. Se souvient-on de ce que je disais en conclusion des relations franco-allemandes et ce qui se serait arrivé si les Français avaient été intégrés au milieu allemand et non parqués dans des quartiers autonomes ? Cela ne s'est pas passé ainsi. Même avec la séparation créée par les « cités », un demi-siècle de présence à Baden-Baden n'aurait-il eu aucune influence sur la culture des Badenois ? Personnellement, j'en doute. On la retrouverait sans doute dans le souvenir, bien que celui-ci tend à s'estomper. Cette question, en fait, n'a jamais été étudiée.

Pour Silvio Sirias la culture zonienne disparaîtra ne sera plus qu'une « note en bas de page de l'histoire ». Seules subsisteront les infrastructures de la zone du canal pour « attester qu'une civilisation extraordinaire a un jour demeuré ici ». Mais il s'étonne, ainsi que moi-même je l'ai fait avec les FFA de « la vigueur avec laquelle la diaspora zonienne s'accroche à son passé ». Les Zoniens, comme les FFA, poussés par « les vagues de l'histoire et de la politique internationale » sont allés ailleurs. Mais la nostalgie s'est emparée

[170] *Idem.*

d'eux : « leurs liens à cette terre, leur désir ardent de la vie idyllique qu'ils ont menée dans la Zone du Canal autrefois, sont aussi forts que chez tout autre citoyen du monde qui souffre à travers les douleurs de l'exil ».

Et l'histoire de ces gens continue à exister dans la mémoire : « ici au Panama, quelque chose de la culture zonienne survit, avance et évolue et donc cela durera aussi longtemps que nous aurons les enfants de ceux qui sont restés ».

Les similitudes avec les enfants des FFA, même après le départ, restent frappantes

Et les Ossis ?

Dans le cadre de ces populations déplacées, on ne peut aussi s'empêcher de penser au phénomène relativement récent du sentiment de nostalgie ressenti par les *Ossis*, les Allemands de l'ancienne RDA. J'ai pu assister à plusieurs reportages et documentaires sur le sujet diffusés sur la chaîne ARTE et Béatrice Angrand se demande, reprenant les mots du professeur Jens Reich, s'il ne s'agit pas d'un épiphénomène monté en épingle par les médias[171].

On pourrait, en effet, facilement le croire. Les *Ossis* – du moins pour un grand nombre – se plaisent à se retrouver dans l'ambiance d'autrefois, à l'Est. On se promène dans les villes et dans les campagnes ; on fréquente les lieux de consommation, parfois reconstitués, avec les produits de la RDA sur les étagères, des affiches au mur. On fait aussi des fêtes « à l'ancienne » et, bien sûr, la Trabant – plus un symbole qu'une pièce de collection – est devenue très recherchée. Le film *Good Bye, Lenin !* de Wolfgang Becker, sorti en 2003 et plusieurs fois primé, a été un succès mondial, mais a eu bien évidemment en Allemagne, à l'ouest comme à l'est, une résonance toute particulière.

---

171 ANGRAND, Béatrice, *L'Allemagne*, Coll. Idées reçues, Paris, Le Cavalier Bleu, 2006, p. 112.

Toutefois, Béatrice Angrand ne se laisse pas abuser : parler de regrets ou d'attachement univoque au socialisme ne traduit pas assez finement la relation au passé des Allemands de l'Est. Il s'agit d'un problème complexe qui reflète un questionnement identitaire[172]. Et elle explique :

> « Depuis la chute du mur de Berlin, comme le souligne Philippe Delmas, les Ossis traversent une « gravissime crise d'identité » . Tous les repères, toutes les habitudes ont disparu et il n'y a nul refuge, à tel point que, à l'Est, 75 % seraient prêts à renoncer à un peu de liberté pour plus de sécurité[173]. »

Ces repères sont historiques : les *Ossis* n'ont pas appris la même Histoire et perçu les événements de la même façon que les Allemands de la République fédérale. Les repères sont aussi sociaux (services supprimés), économiques (chômage élevé), politiques et géographiques. En fait, et l'auteur le montre bien, le mal-être qui se transmet dans cette nostalgie est le résultat d'un processus d'adaptation et d'intégration dans le système économique capitaliste, dans la société ouest-allemande. Les *Ossis* ont du mal à s'adapter à leur nouvel environnement, comme les populations étudiées plus haut dans cette partie, d'ailleurs, et c'est ce qui les rapproche.

Dans ce sens, si l'on met un peu de distance par rapport à l'actualité et que l'on se place dans une perspective plus historique, on peut se demander ce que sera la situation dans trente ans. On peut estimer que ceux qui sont encore les « Allemands de l'Est » ne seront plus désignés ainsi parce que l'intégration aura été faite : ils seront alors tout simplement Allemands. On parle d'eux presque comme des étrangers et, dans leur contexte, ils subissent un sort équivalent à celui qu'ont connu les Pieds-Noirs : ils seront pendant longtemps associés au socialisme, à l'Union soviétique, à l'histoire européenne de la seconde moitié du XXe siècle, avec un a priori négatif.

On peut néanmoins supposer que leur histoire sera moins maltraitée que celles des autres. Si, par exemple, certains politiques originaires de l'Est (ils sont encore rares) ont tendance à éviter les

---

172 *Idem*, p. 113

173 *Idem, ibidem*. Ouvrage cité : DELMAS, Philippe, *De la prochaine guerre avec l'Allemagne*, 1999.

allusions au passé, en revanche, un documentaire de télévision qui a retracé l'histoire de la RDA a fait un énorme succès auprès du public[174].

On est donc en droit de se dire que le « délai de trente années » (constaté plus haut) pour que la mémoire se manifeste sera réduit et que les études et les témoignages viendront plus tôt pour conter, non l'histoire officielle de la RDA et de la réunification, mais celle des hommes et femmes *Ossis* qui est différente.

Il faut retenir ici un aspect technique particulier : les moyens de communication. Il y a un engouement médiatique pour les *Ossis* et une exploitation mercantile de la nostalgie parce que les médias sont là pour en profiter. Les « enfants des cités FFA », eux-mêmes, utilisent l'Internet, dans un processus plus simple, plus personnel, plus intime, mais qui n'en constitue pas moins un système de divulgation. Les Pieds-Noirs et les *Retornados*, dans les années 60 et 70 n'ont pas disposé des mêmes recours ou appuis et il est facile d'imaginer qu'il en aurait été de même pour eux, si leur histoire, leur déplacement forcé, s'étaient produits au cours des dix ou quinze dernières années.

Mais, l'analyse des cas vus plus haut tend à montrer que, même au-delà des générations, il reste toujours, au fond des personnes, quelque chose qui n'a pas été résolu : la perte d'un pays, d'une terre, d'une façon de vivre que l'on finit par idéaliser. C'est ce qui se passait chez les émigrants allemands, italiens ou autres du XIXe siècle et des débuts du XXe siècle : ils partaient pour ne jamais revenir, contrairement à ceux d'aujourd'hui qui, par la multiplication et la démocratisation de moyens de communication, conservent des liens, parfois encore très forts, avec leur pays ou leur région d'origine. Ces émigrants du passé idéalisaient leur pays d'origine, au point qu'il ne correspondait plus à la réalité et ceux qui ont pu y retourner, le plus souvent à l'âge de la retraite, ont été bien déçus par ce qu'ils voyaient[175].

Pour les *Ossis* l'ensemble les changements sont récents et les promesses de l'Ouest n'ayant apporté que déceptions, certains

---

[174] *Idem*, p.113-115.

[175] NARDI, Jean-Baptiste, « Langues minoritaires et mémoire ». www. apreis.org.

cherchent à retrouver le « paradis perdu » et rentrent en Allemagne de l'Est[176]. Le problème, cependant, plus qu'économique, voire politique, est culturel. À Berlin les communautés *Ossis* et *Wessis* ont tendance à se confondre[177], les « enfants de la réunification », c'est-à-dire, les jeunes nés après 1989, ne se ressentent pas comme fondamentalement différents[178]. Mais il n'en reste pas moins des différences essentielles ainsi que le constate une étude :

> « 'L'Ostalgie' (ou nostalgie pour l'ancienne Allemagne de l'Est) souvent décriée à l'Ouest, tient plus de la volonté de renouer les liens communautaires et de retrouver les «petits plaisirs» d'antan que du souhait d'un retour au système communiste, selon l'étude parue dans le magazine-culte de l'Est Superillu[179]. »

Dans toutes ces populations, on retrouve finalement les mêmes sentiments et les mêmes comportements. Une rupture a eu lieu, mais aujourd'hui, plus que jamais, on a la nostalgie de la vie là-bas, la vie d'autrefois et de la terre où elle s'est déroulée. On a des difficultés à s'identifier, on ne se sent vraiment bien nulle part, on ne peut jamais vraiment se détacher des liens du passé. On cherche à rétablir une histoire qui a été malmenée, tronquée ou oubliée, et presque toujours occultée. Les FFA font donc partie de ces « peuples » qui, tous, ressentent le besoin de s'exprimer, peut-être tout simplement pour que l'on sache plus tard qu'ils ont existé un jour.

---

176 WIELINSKI, Bartosz T., « Les Ossis repassent à l'Est », 9 mai 2012. www.presseurop.eu/fr/content/article/1947541-les-ossis-repassent-l-est (Consulté en 2013).

177 « Les Ossis se font rares à Berlin », 21 décembre 2011.www.slate.fr/lien/47777/berlin-allemands-est-ossis (Consulté en 2013).

178 HAMMER, Benjamin ; LE TOUZE Anne, « Ossis ou Wessis, peu de différences. 28.09.2010. www.dw.de/ossis-ou-wessis-peu-de-diffences/a-6054169 (Consulté en 2013).

179 « Ossis vs Wessis: des différences plus culturelles que politiques ». 05 novembre 2009. www.lapresse.ca/international/europe/200911/05/01-918823-ossis-vs-wessis-des-differences-plus-culturelles-que-politiques.php. (Consulté en 2013).

4. LA MÉMOIRE ET L'HISTOIRE

Nous pouvons constater dans les exemples que nous venons de voir l'importance que revêt la mémoire. Elle est à la fois le lieu du souvenir et l'instrument qui permet de créer le lien entre les membres de communautés dispersées. Elle a aussi une fonction documentaire pour l'historien ou le sociologue qui cherche dans les discours ce qu'ils ne trouvent pas dans les archives. Il convient ici de se pencher un instant sur les rapports entre mémoire et histoire.

Une histoire sociale et culturelle

Quand on étudie l'histoire d'un village, la vie est marquée de peu d'événements. Les mariages, les naissances et les décès sont les principaux faits communautaires. Le rythme se fait selon les saisons, le calendrier agricole (semailles et récoltes), les fêtes religieuses (Noël, Pâques) ou païennes (rentrée des classes). Les intempéries peuvent parfois troubler la quiétude : on se souvient toujours d'une forte période de sécheresse ou d'une grande inondation. Tout ce qui vient modifier le cours du temps peut apparaître comme un événement, suite à un fait qui provient le plus souvent de l'extérieur ; à leur époque, la venue de la première voiture, l'arrivée de la radio puis de la télévision ont provoqué des bouleversements. Cependant, au village, les changements sont peu nombreux et s'ils le sont, c'est à long terme. Les mentalités évoluent lentement et c'est pourquoi la tradition et les manifestations folkloriques restent très importantes.

Ainsi, la vie des FFA s'assimilerait à celle d'un village ou d'une petite bourgade dans les « cités », la société en soi n'évolue guère. Elle stagne et c'est peut-être dans cette constatation que l'on pourrait y trouver les mentalités qui la gouvernent comme l'esprit militaire ou petit-bourgeois, ou encore le conformisme. La tradition, comme je l'ai souligné suite à l'observation de S. Guth, ne pouvait se manifester par des pratiques folkloriques. Il ne se passe pratiquement rien dans ces « cités ». Du moins en apparence et c'est sans doute par là qu'il faudrait chercher pour retrouver ce qui marquait le rythme des saisons et des jours.

Pour les enfants, le temps se partage entre l'école, les jeux de neige, les balades à vélo et les vacances. Pour les militaires, c'est la vie dans la caserne, les permissions pour les appelés, les obligations pour les gradés. Les fonctionnaires passent leurs heures au bureau, les femmes le plus souvent s'occupent de la maison et les courses et les repas rythment leur temps. Tous se retrouvent, soit dans le milieu familial, soit dans des rencontres collectives et de loisirs. Je n'ai fait qu'aborder ces aspects, mais c'est là où la multiplicité des témoignages permettrait de retracer l'histoire de la vie quotidienne des FFA.

Vus de l'extérieur, les faits marquants que retiendrait l'histoire traditionnelle, les dates, les changements survenus dans le statut des FFA, font partie de l'histoire militaire et diplomatique, de celle des relations franco-allemandes et sans doute aussi de celle des institutions internationales. Quelles en sont les conséquences exactes sur les populations des « cités », on ne le saura sans doute jamais. On a vu l'émotion que suscitaient, dans l'ambiance de la guerre froide, certains faits internationaux (Crise de Cuba, mort de Kennedy, guerre des Six Jours). Ils ont pu avoir une résonance particulière chez les FFA, mais ce n'était pas des événements qui faisaient directement partie de leur histoire. Il eut fallu un grand concours de circonstances pour qu'un événement provoque un changement notable. La visite de de Gaulle en 1968, par exemple, ne fut guère qu'une anecdote ; elle aurait pu devenir un événement si des décisions avaient été prises à ce moment-là, notamment l'intervention des troupes françaises d'Allemagne pour le rétablissement de l'ordre en France. Cela ne s'est pas produit. C'est, au bout du compte, la chute du mur de Berlin, c'est-à-dire la fin de la guerre froide, qui provoque l'ultime bouleversement. La création des « cités » puis le départ des habitants seraient, finalement, les deux dates essentielles de l'histoire des FFA sur le sol allemand.

L'histoire des FFA, c'est donc bien cela : une histoire sociale et culturelle. En quelque sorte, la communauté FFA aurait existé en dehors du temps, comme une bulle semblable au village isolé, à l'île perdue dans l'océan, ce dont ses membres avaient conscience quand ils parlaient de ghetto et, aujourd'hui encore, quand ils évoquent le cocon doré.

Les diverses facettes de la mémoire

J'ai préféré parler de conscience collective plutôt que de mémoire collective qui fait référence à la perception de faits précis partagés, de caractère historique, ce qui n'est pas le cas chez les FFA. C'est, en effet, cette conscience aujourd'hui émergente qui donne à la mémoire toute sa dimension historique, car elle montre que, au fond, il s'est bien passé quelque chose. Ce que les personnes expriment et la manière dont ils se manifestent, signifient bien plus que ce qu'ils disent. Bien que le but de ce travail ne soit pas une discussion scientifique, l'apport de travaux de quelques sociologues et historiens soutient des réflexions sur la relation que la mémoire entretient avec l'histoire pour les FFA.

La langue allemande possède deux mots pour désigner la mémoire : *Erinnerung* et *Gedächtnis*. Les articles de l'encyclopédie Wikipédia[180] permettent d'en distinguer le sens. *Gedächtnis* se réfère à la mémoire dans le sens neuropsychologique, c'est-à-dire les processus de fonctionnement de la mémoire dans le système nerveux, les capacités de stockage à court et long terme (mémoire sensorielle et de travail), les sensations et les émotions qu'elle provoque chez l'homme[181]. *Erinnerung* est plus proche du souvenir, c'est-à-dire le rappel d'un événement, d'une expérience passée, mais peut aussi faire référence aux registres de ces souvenirs : les mémoires écrites[182]. Cependant, pour les Français, la distinction reste floue dans la

[180] Les articles Internet cités dans cette section ont été consultés en 2013.

[181] de.wikipedia.org/wiki/Gedächtnis.

[182] de.wikipedia.org/wiki/Erinnerung.

mesure où *Gedächtnis* prévaut dans les écrits scientifiques, ceux de Jan Assmann, par exemple.

Le précurseur de la notion de mémoire collective est le sociologue français Maurice Halbwachs (1877-1945). Dès 1925, il étudiait le fonctionnement de la mémoire dans ses rapports sociaux et parlait alors de points qui nous intéressent ici : « la reconstruction du passé », « la déformation des souvenirs d'enfance chez les adultes », « la mémoire chez les vieillards et la nostalgie du passé »[183]. Il y aurait chez l'homme un côté naturel dans sa relation avec le passé et des mécanismes de mémoire qui détermineraient des perceptions, des sentiments et des attitudes communes, en fonction de l'âge et indépendamment du vécu. Il est vrai que, à l'âge adulte, on juge différemment ce qu'on a vécu dans l'enfance et, selon l'auteur, à partir d'un certain âge, les personnes ont tendance à se souvenir de leur passé avec plus de précision, car ils sont moins liés au présent que les plus jeunes. L'autre tendance qui consiste à choisir les souvenirs, de préférence les meilleurs, provoquerait cette nostalgie du passé.

Cependant, cette théorie ne s'appliquerait pas aux FFA vu que nous sommes ici dans un cadre social très particulier. La nostalgie FFA n'est pas le fait de vieillards, mais, au contraire, de personnes adultes de tous âges. Les souvenirs, pour certains, sont encore très frais dans la mémoire et donc peu susceptibles d'être transformés. On pourrait plutôt penser que, en étant proche du passé, les informations sont encore trop nombreuses pour permettre une sélection qui donnerait au souvenir une valeur historique. Avec le temps, les informations superflues s'estompent et laissent une marge plus grande à la sélection. Cela ne signifie pas, pour autant, que le souvenir choisi soit pertinent pour une étude sociale ou historique. C'est dans ses rapports avec le souvenir des autres membres du même groupe social qu'il prend toute sa signification, autrement dit, dans la mémoire collective.

---

183 HALBWACHS, Maurice, *Les cadres sociaux de la mémoire (1925).* classiques.uqac.ca/classiques/Halbwachs_maurice/cadres_soc_memoire/cadres_sociaux_memoire.pdf.

L'ouvrage posthume de M. Halbwachs sur ce thème fait objet de référence[184]. Il distinguait nettement la mémoire de l'histoire, la première s'appuyant sur le concret, la seconde sur l'abstrait et, selon lui, l'histoire commence au moment où termine la mémoire. Dans notre propos, c'est plutôt le contraire qui se passe : la mémoire permet de dévoiler l'histoire qui a été tue. C'est d'ailleurs dans ce sens que les historiens ont compris le rapport et, aujourd'hui, ils séparent distinctement l'une de l'autre.

Néanmoins, après les travaux de Halbwachs, la mémoire a pris une importance considérable dans les études historiques. Pierre Nora, qualifié par certains de « l'historien de la mémoire » a connu un franc succès en parlant de « lieux de mémoire ». Selon lui,

> « Un lieu de mémoire dans tous les sens du mot va de l'objet le plus matériel et concret, éventuellement géographiquement situé, à l'objet le plus abstrait et intellectuellement construit. » Il peut donc s'agir d'un monument, d'un personnage important, d'un musée, des archives, tout autant que d'un symbole, d'une devise, d'un événement ou d'une institution[185]. »

Pour les enfants des FFA, les militaires aussi, les lieux de mémoire concrets que sont les « cités » et les casernes ont pratiquement disparus. Ils n'existent plus guère de traces d'images, de documents écrits sinon dans les archives personnelles ou dans les archives militaires ou diplomatiques, d'accès restreint, le tout étant amplement disséminé. Le lieu de mémoire FFA serait donc lié à l'histoire collective et se résumerait à ce qu'on pourrait désigner ici comme « l'institution FFA », un ensemble abstrait. Celui-ci ne serait pas « intellectuellement construit », car le processus n'est pas encore engagé, mais il se présenterait comme un objet potentiel dont la reconstruction serait rendue nécessaire par la conscience collective qui s'exprime aujourd'hui.

Ainsi, reprenant les propos de Nora, « un objet devient lieu de mémoire quand il échappe à l'oubli, par exemple avec l'apposition de plaques commémoratives, et quand une collectivité le réinvestit de

---

184 HALBWACHS, Maurice, *La mémoire collective (1950).* classiques. .uqac.ca/classiques/Halbwachs_maurice/ collective/memoirecollective,pdf.

185 fr.wikipedia.org/wiki/Lieu_de_mémoire.

son affect et de ses émotions»186. Dans le contexte militaire, on pense bien entendu aux commémorations, mais les cérémonies, dont le but est d'empêcher l'oubli, présentent bien des limites. Une plaque peut associer un lieu à un événement particulier ou à un personnage, mais suffirait-elle à maintenir le souvenir de ce qu'ont été cinquante ans de présence française en Allemagne ? C'est justement là que la voix des enfants des FFA prend tout son sens. La mémoire collective est ici le sentiment communautaire qui, par l'affect et l'émotion, façonne l'objet FFA ; il n'en reste pas moins abstrait, mais c'est à travers ces souvenirs individuels et collectifs qu'il sort de l'oubli, qu'il se reconstruit.

Dans un registre plus social, l'égyptologue allemand Jan Assmann a donné une continuité aux travaux d'Hallsbach pour développer les concepts de mémoire communicative et de mémoire culturelle, deux composantes de la mémoire collective[187].

Attachons-nous tout d'abord à la seconde. Elle se place dans le sens de *Kultur* ou Civilisation, selon que l'on emploie la terminologie allemande ou française. Elle correspond à la culture intrinsèque d'un peuple, d'une société, qui se transmet génération après génération par l'éducation, les us et coutumes, la tradition. Elle présente, selon Assmann, un haut degré de formalité et elle est proche de la notion d'identité. Les FFA n'étant ni société ni civilisation, on conçoit que la mémoire culturelle d'Assmann leur soit absente.

La mémoire communicative, par contre, lui conviendrait bien puisque, pour l'égyptologue, elle correspond à la tradition orale de trois générations en prenant le présent comme point de repère. Il n'en est rien, car le mot génération implique, du point de vue culturel, une succession linéaire, une généalogie comme dans le cas de la famille. Quand je parle de générations chez les FFA, je désigne, approximativement, les familles qui se sont installées avant 1975 et

---

186 *Idem, ibidem.*

187 ASSMANN, Jan, « *Kultur und Gedächtnis* » (1988). Traduction en anglais de John Czaplika sous le titre *Collective Memory and Cultural identity.* ASSMANN, Jan. *Das Kulturelle Gedächtnis.* www.db-thueringen.de/servlets/DerivateServlet/Derivate-1345/assmann.pdf. Autre référence : www.history.ucsb.edu/faculty/marcuse/classes/201/articles/95AsmannCollMemNGC.pdf (Consulté en 2013).

celles qui sont venues après cette date. Cependant, du fait du mouvement quasi permanent des personnes, il n'y a pas de continuité générationnelle. La tradition, c'est-à-dire les modes de pensée et de comportement, est liée au statut des FFA et non à un fond culturel qui se transmet de parents à enfants. Autrement dit, comme le statut en soi ne connaît guère de modification, du moins après 1962, aucune tradition ne peut se former, la culture est figée, ce qui se traduit par la stagnation constatée entre les deux générations.

L'oralité présente des enfants des FFA, plus que celle des militaires, ne correspond pas à une tradition. Elle est une manifestation nouvelle de la consciente collective, du sentiment d'appartenance à ce que, faute de mieux, on appelle la communauté FFA. Aleida Assmann a relevé l'importance des médias « support de stockage externe et des pratiques culturelles »[188], point que j'ai moi-même souligné dans l'expression de la mémoire FFA en rapport avec celle d'autres communautés. Par le biais de l'Internet, cette oralité devient écrite et, si tous les messages, toutes les narrations étaient réunis, le partage et la compilation des mémoires individuelles deviendraient mémoire collective et elles constitueraient alors le *corpus* de base de la mémoire FFA par lequel l'histoire pourrait se construire.

Cependant, il faut se méfier des mots. Dans les années 80, les recherches sur la mémoire historique ont pris un sens particulier. La mémoire culturelle est, presque systématiquement, mise en rapport avec l'holocauste, le nazisme, la collaboration (en France), toute forme de génocide et, de forme générale, avec tout ce qui présente un conflit culturel et une connotation criminelle[189]. C'est ainsi qu'a surgi la notion de « devoir de mémoire » ; celui-ci

> « Consiste d'abord à reconnaître la réalité de l'état de victime et de persécutions subies par des populations et leur environnement ; pour des raisons éthiques, pour répondre aux besoins de l'Histoire,

[188] de. wikipedia.org/wiki/Kulturelles_Gedächtnis.

[189] fr.wikipedia.org/wiki/culture_de_la_mémoire. DOSSE, François. « Entre histoire et mémoire : une histoire sociale de la Mémoire ». Texte publié dans *Raison présente,* septembre 1998, p. 5-24. www.er.uqam.ca/nobel/m200550/Dosse_Entre_histoire_et_memoire.pdf (Consulté en 2007).

> et parce que la psychologie a montré combien cette reconnaissance était essentielle à la résilience pour la reconstruction des individus et des sociétés après les crises, et pour que ces crises n'en engendrent pas d'autres ; on peut notamment rapprocher la question du devoir de mémoire de la catharsis[190]. »

Chez les FFA, il n'y a pas de génocide, de victimes, de morts à honorer, et donc de mémoire à transmettre pour qu'on ne les oublie pas. Il n'y a pas non plus de traumatisme dont il faudrait faire le deuil. Les FFA n'ont rien à commémorer. Toutefois, le « travail de mémoire », selon l'expression de Paul Ricœur, qu'il préférait à celle de « devoir de mémoire », est nécessaire[191].

La société FFA a disparu et ne survit que dans les souvenirs de ceux qui en ont fait partie. L'oubli ne concerne pas seulement ces souvenirs que le temps efface ou modifie, il se forge peu à peu avec la disparition continue des témoins, car, comme rien n'a été écrit sur le sujet, la connaissance du passé repose exclusivement sur les souvenirs de ceux qui sont encore présents. Si rien n'est fait – et c'est encore possible aujourd'hui – toute référence à ce qui a existé s'éteindra à jamais.

La question que l'on peut alors se poser est : pourquoi chercher à reconstruire le passé des FFA ? Est-ce utile à quelque chose ? La communauté qu'ils ont constituée n'était-elle pas trop particulière pour qu'on cherche à la décrire, à l'expliquer, à la comprendre ? N'est-ce pas une préoccupation d'intellectuel, d'historien, de sociologue ? On peut bien évidemment douter de l'intérêt de ce « travail de mémoire ». Cependant, on se rend compte, ne serait-ce que par la comparaison que j'ai faite entre les FFA et d'autres groupes, et notamment les Zoniens du Panama, que le souci de la reconstruction du passé va au-delà de telle ou telle communauté. C'est un besoin de reconnaissance ressenti par tous ceux qui ont partagé un moment de leur vie, vécu une même situation, une

---

[190] fr.wikipedia.org/wiki/Devoir_de_mémoire.

[191] GAGNEBIN, Jeanne Marie, « La mémoire, l'histoire, l'oubli » Version française du texte présenté le 4/09/08 à l'Unicamp, Universidade Estadual de Campinas, Brésil. www.fondsricoeur.fr/photo/memoirehistoireooubli.-pdf.

tranche d'histoire. Recueillir les témoignages, le plus possible, pour les organiser ensuite, c'est en cela que consiste le travail de construction, plus que de reconstruction, de l'histoire qui a été omise, méprisée.

Mémoire française et allemande

Il ne faudrait pas l'oublier, les FFA, comme leur nom l'indique, ce sont des troupes françaises en terre étrangère. Elles furent des forces d'occupation, aspect que l'on chercha à minorer sinon à occulter en transformant successivement leur nom, par exemple en les qualifiant pudiquement plus tard de « stationnées ». Cependant, si les esprits et les orientations militaires et géopolitiques évoluèrent avec la protection de l'Europe face à la menace soviétique puis avec la construction de l'Union européenne, le nom ne changea rien au principe d'occupation. La présence française rappelait sans cesse la guerre 39-45 et, par cela même, le régime nazi et la défaite de l'Allemagne. On ne peut donc dissocier les FFA d'un sentiment de honte. On peut aisément imaginer la honte ressentie par les Allemands qui ont subi cette présence durant un demi-siècle, même s'ils reconnaissaient qu'elle était utile à leur défense. On peut moins comprendre l'absence de honte chez les Français qui, sous le couvert de la défense contre la menace communiste, se maintenaient en Allemagne. Le péril rouge suffisait-il à justifier toute cette organisation autour des troupes françaises, autrement dit, de ces « cités » ? Au fond, entre militaires et civils, qui se posait la question de savoir pourquoi ces Français étaient en Allemagne ? La population française avait probablement fini par ignorer les motifs de sa présence et semblait peu prendre conscience de l'incongruité de la situation, surtout dans les dernières décennies. Allemands et Français ont donc vécu de manières bien différentes la présence des FFA.

On ne pourra jamais, absolument jamais, connaître l'histoire des FFA si l'on ne prend pas en compte les souvenirs des Allemands qui les ont côtoyés. On peut facilement imaginer qu'ils n'ont jamais vraiment accepté la présence française, même s'il n'y avait pas d'animosité envers les Français vivant sur leur sol. On peut supposer l'existence d'une certaine rancœur contre cette présence française dans son ensemble, comme phénomène politique, mais non contre les individus eux-mêmes. Les Allemands aiment les Français, en tant que peuple, mais en aimaient-ils pour autant les « Français en Allemagne », dans un régime plus ou moins couvert d'occupation, c'est-à-dire, les FFA ? On devine dans le film de J.-C. Bringuier que les jeunes Allemands avaient une certaine difficulté à faire la distinction. Ils se plaignaient du manque de contact avec les jeunes Français, mais parlaient-ils des Français en Allemagne ou des Français de France comme s'il s'agissait des mêmes ? Ils n'avaient sans doute pas conscience que les premiers étaient différents des seconds. Ils ne pouvaient pas non plus comprendre la notion de « Français d'Allemagne », car celle-ci n'est vraiment apparue que plus tard.

Quand, en 2010, a lieu la commémoration des dix ans du départ des soldats français de Baden-Baden, on assiste à une cérémonie un peu étrange[192]. On inaugure une œuvre d'art réalisée par un artiste allemand dans le quartier des « cités » : l'emblème militaire des FFA. La municipalité de Baden-Baden est probablement à l'origine de cette manifestation, vu que c'est la société de développement du quartier qui a engagé l'artiste. On suppose que, naturellement, les militaires français ont été invités à l'inauguration. La commémoration, bien entendu, s'inscrit dans un esprit d'amitié franco-allemande et le côté sympathique dépasse le caractère officiel. Cependant, certains comportements et propos des participants traduisent l'ambiguïté du rapport franco-allemand en l'occurrence.

Parmi les militaires, on remarque la présence de trois cents vétérans dont l'apparence – la tenue, les drapeaux des régiments – rappelle les anciens combattants de 39-45. Que je sache, les FFA n'ont jamais participé à aucun conflit armé. La tenue des vétérans, certes, est traditionnelle, mais, dans le cas présent, n'eut-il pas mieux valu y mettre un peu plus de simplicité, justement pour ne pas donner l'impression de ce rappel de la guerre, des vainqueurs et des

---

192 Mosaik *im Stadtteil Cité Baden-Baden steht für deutsch-französische Freundschaft*. www.youtube.com/watch?v=Pg4XzD9C_Ko (Consulté en 2014).

vaincus ? C'est choquant, pour le moins de mauvais goût vis-à-vis des Allemands.

La mairesse de la ville, Sigrun Lang (2003-2006), est bienveillante, mais ne peut s'empêcher de parler « du temps des occupants » (*Bezatzern*). Et quand Jean-Louis Brette, l'ancien Général en Chef des Forces Françaises en Allemagne déclare, s'adressant en allemand, « Je me sens ici chez moi », on se pose des questions. On comprend qu'il s'exprime ainsi pour faire plaisir aux Allemands, mais, même s'il le pense vraiment en tant qu'individu, il ne peut le dire étant donné la fonction qu'il représente – il est en uniforme – et cela semble déplacé, malencontreux : les militaires français n'étaient pas chez eux en Allemagne, non !

C'est donc cinquante ans d'occupation de l'Allemagne par les troupes françaises qui est ici rappelée. La perception française de la commémoration est à l'opposé de celle des Allemands.

Les militaires semblent fêter le bon vieux temps, le temps des campagnes, et vouloir préserver la mémoire de leur présence en Allemagne. Les Allemands, eux, veulent l'oublier et ne ressentent, à n'en pas douter, aucune nostalgie de ce qui était pour eux une humiliation : c'est sans doute là le sens profond des mots de la mairesse. Alors, ils commémorent le départ des militaires, c'est à dire, la fin de l'occupation. Si l'on ressent une certaine allégresse collective, on ne peut se tromper : les motifs de joie ne sont pas les mêmes.

C'est ici que les témoignages des Allemands qui, comme dans le cas des Français, ont tendance à s'estomper par la perte des générations, sont d'une importance fondamentale pour la compréhension du phénomène FFA. Durant près d'un demi-siècle, ils ont partagé une partie de leur quotidien avec les Français vivant sur leur territoire. Il serait de la plus faute utilité de savoir comment ils voyaient les Français, comment ils vivaient ces rapports. Les relations étaient cordiales et un certain nombre de liens sociaux se sont créés. La convivialité, de mise dans des manifestations communes et institutionnelles, était totalement naturelle dans la vie de tous les jours, dans la rue, les commerces, les bars et discothèques, les lieux de loisirs. Cependant, si l'on se place dans le contexte de l'occupation et du besoin de reconstruire le passé, on peut se dire que, au fond, il y a bien eu des victimes du phénomène FFA : les Allemands eux-mêmes.

Il y aurait bien, finalement, un « devoir de mémoire » à effectuer, dans le sens où ce ne serait pas l'obligation des États allemand et français, mais aux intéressés d'en rappeler toute la signification historique sur le plan social et non politique.

Les Français et les Allemands ont une longue série d'« histoires entremêlées et de mémoires partagées »[193] qui rend les relations entre ces deux pays différentes de celles avec les autres nations. On parle aisément du « couple franco-allemand » et Jean-Christophe Victor en a récemment fait l'historique dans Le dessous des cartes sur Arte[194]. Le point de vue est politique et les aspects culturels sont écartés, compte tenu de la brièveté du documentaire. La présence française d'un demi-siècle sur le territoire allemand fait pourtant partie de ces liens du passé. En 2003, Johanna Heinen de l'Université Libre de Berlin (*Freien Universität Berlin*) a créé « Rencontres, la revue franco-allemande » (*Das deutsch-französiche Magazin*), virtuelle et bilingue[195]. Même si elle avait pour but de faciliter les contacts entre les ressortissants des deux pays, dans le but de mieux se connaître, de créer des relations, la revue avait une orientation très culturelle. Elle s'adressait à un large public et devait permettre la publication d'articles dans divers domaines ; en 2006, elle a reçu le Prix de Journalisme Franco-allemand (*Deutsch-Französischen Journalistenpreis).*

L'histoire devait en occuper un espace important. La responsable de la rubrique, Juliane Seifert, rappelait dans sa présentation initiale que « Les deux peuples se réfèrent à un même Charlemagne et ont vécu pendant des siècles une histoire mouvementée, sans cesse marquée par des tensions et des rapprochements mutuels »[196]. Elle cite le sociologue français Raymond Aron qui dit que « Pour

---

193 FRANÇOIS, Étienne, « France Allemagne: Histoires entremêlées, mémoires partagées ». www.culturesfrance.com/adpf-publi/folio/textes/allemagne.-rtf (Consulté en 2007).

194 VICTOR, Jean-Christophe, « L'histoire France Allemagne », numéro de l'émission-série *Le dessous des cartes*. Arte-France, janvier 2013.

195 de.wikipedia.org/wiki/Rencontres (Consulté en 2013)

196 Juliane Seifert in *Rencontres*, www.rencontres.de (Consulté en 2008). C'est dans cette revue que j'avais pensé publier l'article qui est à l'origine de ce livre.

surmonter l'histoire, il convient d'abord de la reconnaître. » C'est l'objectif de la rubrique et elle précise :

> « L'histoire y est analysée sous un aspect rapprochant les hommes. L'Histoire allemande et l'Histoire française sont aussi variées et émouvantes que les hommes qui les ont écrites. [...] L'Histoire est la base du présent, c'est cela qui la rend actuelle. [...] En outre, la rubrique Histoire ne se voit pas seulement comme un forum de l'histoire franco-allemande, mais un lieu où l'Histoire est présentée sous une perspective franco-allemande. Rendez-vous sur les *Sentiers de la mémoire*[197]. »

Les créateurs de la revue avaient donc bien compris le sens de l'histoire et de la mémoire communes. Malheureusement, ils n'ont pas été suivis, la rubrique histoire a eu du mal à se développer et, finalement, la revue a cessé d'exister en 2010. C'était pourtant une heureuse initiative qui aurait pu permettre de produire des articles sur la présence française en Allemagne, vue des deux côtés, y compris la publication de témoignages.

Néanmoins, l'esprit de la revue semble avoir une continuité dans le site du Groupe Interdisciplinaire de Recherche Allemagne France (GIRAF-IFFD)[198]. À cela il faut ajouter *Trivium, la revue franco-allemande de sciences humaines et sociales* (*Deutsch-französische Zeitschrift für Geistes und Sozialwissenschaften*)[199]. Ce sont là des supports et des moyens de communication qui devraient encourager les historiens et les sociologues à recueillir la mémoire des uns et des autres. Baden-Baden, plus que toute autre ville, devrait être aujourd'hui le principal centre de la recherche.

À première vue, ces propos semblent donner une prédominance à la démarche scientifique ou universitaire, face à l'expression spontanée, dispersée, des anciens FFA sur des blogs et des sites de forums. Les Allemands qui ont vécu auprès d'eux n'ont pas ressenti le même besoin, car, pour eux, la notion de communauté FFA leur échappe dans le sens où elle ne faisait pas partie de la société

---

[197] *Idem, ibidem.*

[198] giraf-iffd.ways.org/fr/partners/rencontresde-la-revue-franco-allemande. (Site en construction, consulté en 2013).

[199] trivum.revues.org (Consulté en 2013).

allemande. Cela ne signifie pas qu'ils n'aient rien à dire sur le sujet ; au contraire, je crois qu'il y a dans ce silence l'expression d'un discours contenu. C'est donc aux chercheurs de faire remonter leurs souvenirs pour qu'émerge toute la richesse des expériences et des sentiments des Allemands.

Même si elles se réfèrent à des faits historiques et sociaux communs, la mémoire française et la mémoire allemande semblent bien distinctes. Il faut peu de chose pour qu'elles s'unissent et deviennent la mémoire franco-allemande : qu'on s'y intéresse.

CONSIDÉRATIONS FINALES

Ma présentation de l'histoire des FFA pose sans doute plus de questions qu'elle n'apporte de réponses. Si les souvenirs personnels sont utiles à la connaissance, le fait de les dépasser, de sortir du cadre dans lequel ils se placent, a permis de leur donner une tout autre dimension. Ils en deviendraient presque secondaires si l'on ne recherchait, à travers eux, à comprendre ce qu'ils signifient. Ce sont eux, finalement, qui donnent un sens à l'histoire, dans leur rapport avec le temps, le passé et le présent.

On a ainsi vu le déplacement qui s'est effectué au cours des réflexions : on est passé de l'histoire militaire ou des relations internationales dans laquelle s'inscrivent les FFA, d'ailleurs très peu mentionnées dans les ouvrages, à un phénomène social et culturel totalement ignoré. Le regard sur les troupes d'occupation jusqu'aux Forces Françaises Stationnées en Allemagne a révélé ce qui était une évidence et que pratiquement personne ne semble avoir perçu : un demi-siècle de présence française sur le territoire allemand. C'est cette durée qui la rend historique.

Même s'il y a en toile de fond des aspects politico-militaires – la fin de la Seconde Guerre mondiale et la guerre froide – cette présence ne ressemble en rien à l'occupation qui a pu se produire dans l'histoire de l'humanité. Pendant des siècles, l'Europe a connu conflits et changements de frontières, des peuples envahissant le territoire des autres, dominant les populations, imposant leur administration et leur culture. C'est bien pour mettre fin à cela qu'on a créé l'Union européenne. Mais la présence française n'avait pas de caractère belliqueux vis-à-vis des Allemands ; au contraire, les FFA avaient pour mission de protéger l'Allemagne contre la menace soviétique et, à travers elle, de défendre le monde occidental. C'est ce côté positif que les militaires français qui en ont fait partie, aujourd'hui, tendent à rappeler.

La présence a pris un caractère particulier par son organisation, très différente de celles des troupes britanniques et américaines. Le foisonnement, l'éparpillement de « cités » françaises sur le territoire allemand caractérise les FFA. Au bout du compte, et paradoxalement, ce sont les membres civils qui, par leur nombre et leur permanence, certes variables, ont distingué les FFA des autres forces armées. Au-delà des individus, il s'est construit indéniablement dans ces « cités » une culture *sui generis* à partir d'un phénomène historique sans précédent.

Si j'ai parlé des enfants FFA, c'est avant tout parce qu'ils exprimaient en nombre leur nostalgie sur Internet. Au fil des recherches, je me suis rendu compte qu'il y avait au-delà des souvenirs, des impressions et des sentiments de chacun, un discours qui prenait forme, bien que de manière embryonnaire : celui de l'histoire des FFA, celui de leur histoire à eux, qui était aussi la mienne. Cependant, j'ai bien vite compris qu'il n'était pas suffisant pour en décrire tous les détails, à savoir les aspects culturels et psychologiques. La comparaison avec d'autres situations proches était nécessaire.

Pour les populations déplacées, dépourvues de leurs racines, la mémoire est le rappel de l'histoire, souvent dramatique, et c'est le besoin de reconnaissance qui motive les personnes à s'exprimer publiquement, c'est-à-dire, la reconnaissance de la différence communautaire créée par l'histoire. On a vu ainsi, avec les Rapatriés, les *Retornados,* les Zoniens et les *Ossis* que la nostalgie est un sentiment commun à tous ceux qui ont perdu un pays. Ce n'est pas la terre en soi qu'ils regrettent, mais la vie qu'ils y menaient et le pays perdu est idéalisé. Le sentiment communautaire prend force dès l'instant où les personnes se sentent différentes des sociétés dans lesquelles elles vivent désormais et quand le retour aux « origines » n'est plus possible. L'identité est tenace et se transmet naturellement d'une génération à l'autre et au fil du temps, selon les lieux, les circonstances et les descendants, elle se transforme, elle s'effiloche sans jamais disparaître pour autant. La mémoire est le lien qui unit les membres de la communauté. Cependant, au contraire de toutes les populations que j'ai évoquées, les FFA n'ont pas de territoire bien défini, j'ai même dit qu'il était aujourd'hui virtuel, car il n'en reste pratiquement plus rien. Ils vivaient dans des « cités » françaises avec une frontière invisible, mentale qui, à l'époque, les séparait des villes allemandes ; mais maintenant la frontière est tombée et il paraît naturel que la nostalgie balance entre l'Allemagne et les « cités », les deux étant devenues inséparables : ils se définissent comme des Français d'Allemagne, un genre particulier d'identité.

L'isolement est aussi ce qui caractérise les enfants FFA. En ce sens ils sont plus proches des *military brats* et des Zoniens. Au départ, l'isolement est physique, dans les enclaves en sol étranger que sont les bases, les casernes et les « cités » ou la zone du canal, à Panama. On est maintenant dans un cadre strictement militaire et, directement ou indirectement, l'armée pèse fortement sur les comportements, les modes de pensée, la façon de vivre : la culture militaire est omniprésente même chez les civils qui accompagnent les troupes. L'isolement devient moral dès l'instant où l'on quitte le giron de l'armée et ses installations. Les enfants se sentent étrangers dans leur société nationale et ont du mal à rester en place, habitués durant les années d'enfance à bouger régulièrement. L'apparente instabilité est contrebalancée par des constantes : ils sont indépendants par refus de l'autorité, cherchent des relations durables et ils sont ouverts aux autres, sans préjugés, les professions sont souvent les mêmes. Les chercheurs américains ont montré, de manière plus scientifique et précise, ce que j'ai exprimé moi-même de manière informelle pour les FFA, en me fondant sur mes souvenirs.

Que l'on fasse référence aux enfants de troisième culture ou au multiculturalisme, il apparaît que, même dépourvu du caractère militaire, – cas des jeunes de banlieue – l'isolement est un facteur culturel important. L'apprentissage de la langue du pays d'accueil des migrants, ou dans lequel on est provisoirement installé, est un élément de base pour briser les barrières. Pour les FFA, les enfants de militaires américains, elle est nécessaire, mais pas obligatoire et pour certains, il faut changer souvent de langue étrangère et ceux-là n'en acquièrent que des bribes. Chez les FFA permanents, on constate que c'est plus l'isolement culturel que physique qui les empêche d'apprendre l'allemand. On retrouve presque le même phénomène chez les jeunes de banlieue où ce sont les conditions économiques sociales, le plus souvent défavorables, qui déterminent avant tout les manquements dans la langue du français ou de l'allemand. Pour ceux-là, l'école n'est pas assez motivante et c'est là une grande différence avec les FFA et les autres enfants de militaires, autant que pour les *Retornados* et les Zoniens. Bien sûr, et en principe, tous les enfants vont à l'école, mais on se rend bien compte que chez eux, bien que les conditions soient différentes d'une population à l'autre, toute la vie tourne autour de l'école, celle-ci étant probablement un lieu privilégié, un espace de liberté dans le monde contraignant qui les entoure. L'évocation dominante des souvenirs du Lycée Charles de Gaulle ou de celui de Turenne montre que les enfants FFA ont été profondément marqués par leurs établissements scolaires, c'est bien qu'ils avaient quelque chose de spécial.

La recherche d'amis d'enfance, par le biais des établissements scolaires, principal lieu de regroupement et de repère, est devenu monnaie courante aujourd'hui grâce à l'Internet. Le moyen de communication, d'ailleurs, permet aussi aux militaires de se retrouver, le lien est alors le régiment. Mais dans le contexte, on peut se demander si les FFA, qui ont fait ou font la démarche de la recherche des anciens amis et qui se réunissent, sont conscients de tout ce qui les pousse à le faire. Les anciens des lycées français d'Allemagne ne chercheraient-ils pas à reprendre une amitié qui a été interrompue par les circonstances et lui donner la durabilité qu'elle n'avait pu avoir ? Dans ce sens, ce serait une reconnaissance de cet isolement, de ce sentiment communautaire, de cette nostalgie, de cette différence.

Indépendamment de la façon dont ils s'expriment, tous les enfants FFA ont quelque chose à dire. Peu ont sans doute mesuré l'importance historique et la portée psychosociale du phénomène qui donnent aujourd'hui à leurs souvenirs une valeur documentaire unique : il fallait sans doute le regard d'un historien pour comprendre et expliquer cela.

La voix de ces enfants qui s'élève est un nouveau versant de l'histoire franco-allemande. Elle dit : nous avons vécu dans des « cités » françaises en Allemagne, nous y avons grandi. Elle dit : nous avons été des témoins de l'Histoire au même titre que ses acteurs et ses victimes, car elle a pesé sur nos vies jusqu'à aujourd'hui. Mais notre histoire à nous personne ne la connaît.

Cette voix qui n'a jamais été entendue révèle ce qu'on ne soupçonnait pas : on a tiré un trait sur un demi-siècle d'histoire franco-allemande comme si rien ne s'était passé. C'est toute l'histoire des FFA qui a été oubliée. L'officielle n'apparaît même pas sur le plan politico-militaire et celle de tous ceux qui en ont fait partie est ignorée. Mais les enfants FFA s'exclament : non, cette histoire n'est pas finie, nous la vivons encore !

Cette voix met aussi en évidence le silence des Allemands, ceux qui ont vécu auprès des FFA et, d'une certaine façon, ont partagé leur histoire ; ceux dont on n'a pas pris soin de savoir ce qu'ils avaient à dire.

Il faut espérer que cette voix sera entendue et que Français et Allemands sauront, une fois de plus, se pencher sur cette partie de leur passé commun et continuer le chapitre de leur histoire que la voix issue des enfants des FFA vient de commencer. Mon travail est une modeste contribution pour que cette histoire se construise, se concrétise. Il prétend modestement donner des pistes pour savoir dans quelles directions aller. Il tient aux acteurs et témoins de prendre leur plume – ou plutôt, leurs claviers – pour développer les thèmes abordés ici et composer le corpus manquant que les chercheurs pourront exploiter. Les FFA ne concernent pas seulement les militaires ou les politiques, c'est une histoire humaine et il y a partout dans le monde des enfants qui ont bien des choses à raconter, il suffit de savoir les écouter.

Par tout ce que les « cités » françaises d'Allemagne ont représenté et signifient aujourd'hui, par ce que la voix qu'on entend cherche à nous dire et par tout ce qui met les enfants FFA en rapport avec le monde, nous pouvons en être certains : réellement, ces « cités » n'étaient pas comme les autres.

Table des matières

L'HISTOIRE
AUX ÉDITIONS L'HARMATTAN

Dernières parutions

TROUPES (LES) COLONIALES D'ANCIEN RÉGIME
Fidelitate per Mare et Terras
Lesueur Boris - Préface de Michel Vergé-Franceschi
«Le désavantage des colonies qui perdent la liberté de commerce est visiblement compensé par la protection de la Métropole qui les défend par ses armes ou les maintient par ses lois». Cette phrase de Montesquieu résume les liens compliqués entre une métropole et ses colonies sous l'Ancien Régime. La prospérité apportée par les colonies devait être souvent défendue avec acharnement. Des compagnies détachées aux régiments coloniaux, l'aventure des soldats au temps de la Nouvelle-France et des Îles demeure singulière et mal connue.
(SPM, Coll. Kronos, 45.00 euros, 534 p.)
ISBN : 978-2-917232-28-6, ISBN EBOOK : 978-2-336-36549-7

DROIT (LE) DES NOIRS EN FRANCE AU TEMPS DE L'ESCLAVAGE
Textes choisis et commentés
Boulle Pierre H., Peabody Sue
En France entre le XVIe siècle et le XIXe siècle, la vision de l'individu doté d'une liberté formelle fut confrontée à l'existence de l'esclavage aux colonies, en particulier lorsqu'à partir de 1716 une exception au principe du sol libre fut octroyée aux planteurs qui souhaitaient amener en métropole leurs esclaves domestiques. Tout un appareil juridique dut être créé pour accommoder cette exception. Le présent ouvrage cherche à illustrer les différentes étapes que prit cette recherche d'un équilibre entre liberté et esclavage.
(Coll. Autrement Mêmes, 29.00 euros, 291 p.)
ISBN : 978-2-343-04823-9, ISBN EBOOK : 978-2-336-36295-3

ÂGES (LES) DE L'HUMANITÉ
Essai sur l'histoire du monde et la fin des temps
Bolton Robert
Comment, quand et pourquoi le monde a-t-il commencé ? Et quand touchera-t-il à son terme ? Les deux mille dernières années sont analysées en termes de cosmologie traditionnelle, à l'aide de la science des nombres afin de permettre le calcul de la position de notre époque dans l'ère à laquelle elle appartient. L'auteur arrive à la conclusion qu'il y a de fortes probabilités pour que son terme coïncide avec la fin des temps.
(Coll. Théôria, 28.00 euros, 272 p.)
ISBN : 978-2-343-03921-3, ISBN EBOOK : 978-2-336-36288-5

DIVINATION (LA) DANS LA ROME ANTIQUE
Études lexicales
François Guillaumont et Sophie Roesch (éds.)
Les Romains vivaient dans un monde peuplé de signes de la volonté des dieux. Savoir lire ces signes, par le biais de la divination, permettait aux hommes de s'assurer le succès de leurs entreprises. L'objet de ce recueil est de compléter par une approche lexicale les nombreuses publications déjà

consacrées à ce domaine de la religion antique, afin de mieux définir les croyances et les pratiques divinatoires des Romains.
(Coll. Kubaba, 15.50 euros, 150 p.)
ISBN : 978-2-343-04273-2, ISBN EBOOK : 978-2-336-36431-5

DISPARITION (LA) DU DIEU DANS LA BIBLE ET LES MYTHES HITTITES
Essai anthropologique
Nutkowicz Hélène, Mazoyer Michel
Drames et tragédies se succèdent qui voient les destructions de la nature, de l'homme et du cosmos dans les royaumes tant hatti que judéen, témoins de la rupture entre le monde terrestre et le monde divin. Quelles explications les peuples touchés par ces situations de crises apportent-ils ? Quels sont les points partagés et les divergences développées par ces deux peuples ?
(Coll. Kubaba, série Antiquité, 22.00 euros, 214 p.)
ISBN : 978-2-343-04876-5, ISBN EBOOK : 978-2-336-36434-6

ÉCHANGES (LES) MARITIMES ET COMMERCIAUX DE L'ANTIQUITÉ À NOS JOURS (2 volumes)
Sous la direction de Philippe Sturmel
Tous les peuples, ou presque, ont voulu faire de la mer et des océans leur terrain de jeu, de chasse, d'échanges ou d'aventures. A l'aube de l'époque moderne, la navigation commerciale connaît un essor spectaculaire et les terres apparaissent comme un obstacle à son développement. La mer, enfin, comme lieu de toutes les spéculations, intellectuelles, philosophiques ou utopiques. C'est cette grande histoire que les communications rassemblées dans cet ouvrage ont l'ambition de raconter.
(Volume 1, Coll. Méditerranées, 31.00 euros, 300 p.)
ISBN : 978-2-343-03509-3, ISBN EBOOK : 978-2-336-36383-7
(Volume 2, Coll. Méditerranées, 30.00 euros, 294 p.)
ISBN : 978-2-336-30724-4, ISBN EBOOK : 978-2-336-36382-0

MENSONGES DE L'HISTOIRE (Tome 2)
Monteil Pierre
Avec simplicité, esprit critique et objectivité, l'auteur s'attaque, dans ce second tome, à de nouveaux «mensonges de l'Histoire» : ainsi, saviez-vous que l'Enfer est une conception médiévale ? Que les chiffres arabes sont en réalité indiens ? Que Gutenberg n'a pas inventé l'imprimerie ? Qu'Abraham Lincoln était raciste ? Que l'Allemagne nazie fut le premier pays dans l'espace ?
(Coll. Rue des écoles, 30.00 euros, 300 p.)
ISBN : 978-2-343-04362-3, ISBN EBOOK : 978-2-336-36119-2

VOYAGEUSES (LES) D'ALBERT KAHN (1905-1930)
Vingt-sept femmes à la découverte du monde
Arasa Yaelle
Entre 1905 et 1930, Albert Kahn, riche banquier autodidacte, crée en France, une bourse féminine Autour du monde, octroyée aux plus brillantes des jeunes femmes titulaires de l'agrégation. Les lauréates se nourrissent, durant une année, d'un quotidien nomade, se frottant aux traditions les plus anciennes et à la modernité la plus échevelée. Courriers, rapports et carnets de bord narrent les changements de paysage, du monde, de la société, de l'enseignement féminin et de la vie des femmes durant un quart de siècle.
(38.00 euros, 382 p.)
ISBN : 978-2-343-04419-4, ISBN EBOOK : 978-2-336-36174-1

MYTHE (LE) INDO-EUROPÉEN DU GUERRIER IMPIE
Blaive Frédéric, Sterckx Claude
Cet ouvrage s'appuie sur les travaux de comparatisme indo-européen initié par Georges Dumézil et plus particulièrement d'un mythème de «guerrier impie» s'attaquant obstinément à tous les niveaux du sacré, du droit et du juste, repoussant dédaigneusement les avertissements divins et s'obstinant dans sa démesure jusqu'à succomber. Ces enquêtes rendent compte des formes et des

motivations propres à chaque culture du guerrier impie (tels que les Grecs Achille et Bellérophon, les Romains César et Julien l'Apostat, l'Irlandais Cuchulainn, le Scandinave Harald l'impitoyable, voire l'Anglais Richard III).
(Coll. Kubaba, série Antiquité, 22.00 euros, 224 p.)
ISBN : 978-2-336-30260-7, ISBN EBOOK : 978-2-336-35479-8

FIGURES ROYALES DES MONDES ANCIENS
Sous la direction de Michel Mazoyer, Alain Meurant et Barbara Sébastien
Dans les mondes indo-européen et méditerranéen, la royauté apparaît comme la forme naturelle et privilégiée de la souveraineté. Son souvenir est particulièrement bien conservé, nos sociétés modernes en ont largement hérité. Dix variations sur la royauté dans l'Antiquité, du monde celtique au domaine gréco-romain en passant par celui des Scythes et des Hittites sont ici proposées.
(Coll. Kubaba, 23.00 euros, 230 p.)
ISBN : 978-2-343-00291-0, ISBN EBOOK : 978-2-296-53505-3

ESSAIS D'HISTOIRE GLOBALE
Sous la direction de Chloé Maurel – Préface de Christophe Charle
L'histoire globale est une approche novatrice qui transcende les cloisonnements étatiques et les barrières temporelles et promeut un va-et-vient entre le local et le global. Développé depuis plusieurs années aux États-Unis, ce courant connaît un essor récent en France. Voici un tour d'horizon varié des travaux récents en histoire globale (concernant l'abolition de l'esclavage, l'histoire du livre et de l'édition, des revues et celle des organisations internationales).
(23.00 euros, 226 p.)
ISBN : 978-2-336-29213-7, ISBN EBOOK : 978-2-296-53077-5

VERS UN NOUVEL ARCHIVISTE NUMÉRIQUE
Ouvrage collectif coordonné par Valentine Frey et Matteo Treleani
La réinvention permanente apportée par le numérique suscite de nombreux débats. Notre rapport à la mémoire et à l'histoire, longtemps basé sur l'objet matériel et sa conservation physique, est à présent bouleversé. Les techniques ont beaucoup évolué, apportant de nouvelles problématiques, dans le domaine de l'informatique comme celui des sciences humaines. Quelles tensions entre technique et mémoire ? Comment se souvenir du passé à travers ses vestiges ? Que change le numérique ?
(Coll. Les médias en actes, 22.00 euros, 224 p.)
ISBN : 978-2-336-00174-6, ISBN EBOOK : 978-2-296-53103-1

MENSONGES (LES) DE L'HISTOIRE
Monteil Pierre
Chaque génération hérite des *a priori* et des idées reçues de la génération précédente. Ainsi, nombreux sont les mensonges de l'Histoire qui ont survécu jusqu'à nos jours. Nos ancêtres les Gaulois ? Napoléon était petit ? Au Moyen Age, les gens ne se lavaient pas ? Christophe Colomb a découvert l'Amérique ? Ce livre revient sur 80 poncifs considérés par beaucoup comme une réalité...
(Coll. Rue des écoles, 28.00 euros, 282 p.)
ISBN : 978-2-336-29074-4, ISBN EBOOK : 978-2-296-51351-8

FLAVIUS JOSÈPHE
Les ambitions d'un homme
Cohen-Matlofsky Claude
Quelles furent les ambitions cachées de Flavius Josèphe, historien Juif de l'Antiquité ? Il prône, à travers ses écrits, le retour à la monarchie de type hasmonéen, à savoir d'un roi-grand prêtre, comme réponse à tous les maux de la Judée. La question fondamentale est la suivante : comment les élites locales ont-elles géré leurs relations avec la puissance romaine et quel rôle les membres de l'élite ont-ils assigné à leurs traditions et constitution politique dans cet environnement d'acculturation ?
(Coll. Historiques, série Travaux, 15.50 euros, 152 p.)
ISBN : 978-2-336-00528-7, ISBN EBOOK : 978-2-296-51387-7

MER (LA), SES VALEURS

Groupe «Mer et valeurs» Sous la direction de Chantal Reynier – Préface de Francis Vallat

La mer, plus que jamais, est la chance des hommes et la clef de leur avenir. Elle leur apprend la responsabilité, suscite l'esprit d'initiative, mais elle oblige tout autant à rester humble devant ses forces naturelles. Le groupe de réflexion «Mer et Valeurs», réunissant navigants et universitaires, examine l'influence de ces valeurs rapportées à toutes les activités humaines. Des références historiques et géographiques illustrent le développement intellectuel et économique des pays qui se sont tournés vers la mer.

(21.00 euros, 188 p.)

ISBN : 978-2-336-00836-3, ISBN EBOOK : 978-2-296-51412-6

MÉTAMORPHOSES RURALES

Philippe Schar : itinéraire géographique de 1984 à 2010

Sous la direction de Dominique Soulancé et Frédéric Bourdier

Philippe Schar était convaincu que la géographie ne saurait exister sans la dimension du temps et la profondeur de l'histoire, seules capables de mettre pleinement en lumière le présent et de le restituer dans toutes ses dimensions. On retrouve en filigrane dans ses recherches concises et pointues la volonté de replacer les opérations de développement à l'interface des logiques promues par les décideurs d'un côté et par les populations de l'autre. Cet ouvrage présente une sélection de ses écrits.

(33.00 euros, 320 p.)

ISBN : 978-2-296-99748-6, ISBN EBOOK : 978-2-296-51501-7

POUVOIR DU MAL

Les méchants dans l'histoire

Tulard Jean

L'Histoire n'est pas une magnifique suite d'actions héroïques et de gestes admirables. Sans le Mal pas d'Histoire. Et il faut l'avouer, les méchants sont les personnages les plus fascinants de la saga des peuples. En voici treize, présentés à travers des dramatiques interprétées jadis sur les ondes. Treize portraits où l'on retrouve méchants célèbres comme Néron ou Beria et héros insolites comme Olivier Le Daim ou le prince de Palagonia. Ils illustrent le pouvoir du Mal.

(Coédition SPM, 25.00 euros, 270 p.)

ISBN : 978-2-917232-01-9, ISBN EBOOK : 978-2-296-51010-4

VIES (LES) DE 12 FEMMES D'EMPEREUR ROMAIN

Devoirs, intrigues et voluptés

Minaud Gérard

Grâce à un méticuleux travail de recherche se redéploie ce que furent les vies de 12 femmes d'empereur et leur influence, non seulement sur leur mari mais aussi sur le destin de Rome. Les pires informations se mêlent. Un amour maternel allant jusqu'à l'inceste, un amour conjugal virant au meurtre, un amour du pouvoir justifiant tout. D'un autre côté, un sens du devoir exceptionnel, une habileté politique remarquable, un goût du savoir insatiable.

(34.00 euros, 332 p.)

ISBN : 978-2-336-00291-0, ISBN EBOOK : 978-2-296-50711-1

MONDE (LE) DES MORTS

Espaces et paysages de l'Au-delà dans l'imaginaire grec d'Homère à la fin du Ve siècle avant J.-C.

Cousin Catherine

Ce livre propose d'étudier l'évolution des conceptions que les Grecs ont pu se former des espaces et des paysages de l'au-delà, jusqu'à la fin du Ve siècle avant J.-C. Monde invisible, interdit aux vivants, mais sans cesse présent à leur esprit, les Enfers relèvent pleinement de l'imaginaire. Une comparaison entre productions littéraires et iconographiques enrichit cette étude et laisse entrevoir l'image mentale que les Grecs se forgeaient du paysage infernal.

(Coll. Kubaba, série Antiquité, 39.00 euros, 402 p.)

ISBN : 978-2-296-96307-8, ISBN EBOOK : 978-2-296-50624-4

L'Harmattan Italia
Via Degli Artisti 15; 10124 Torino

L'Harmattan Hongrie
Könyvesbolt ; Kossuth L. u. 14-16
1053 Budapest

L'Harmattan Kinshasa
185, avenue Nyangwe
Commune de Lingwala
Kinshasa, R.D. Congo
(00243) 998697603 ou (00243) 999229662

L'Harmattan Congo
67, av. E. P. Lumumba
Bât. – Congo Pharmacie (Bib. Nat.)
BP2874 Brazzaville
harmattan.congo@yahoo.fr

L'Harmattan Guinée
Almamya Rue KA 028, en face
du restaurant Le Cèdre
OKB agency BP 3470 Conakry
(00224) 657 20 85 08 / 664 28 91 96
harmattanguinee@yahoo.fr

L'Harmattan Mali
Rue 73, Porte 536, Niamakoro,
Cité Unicef, Bamako
Tél. 00 (223) 20205724 / +(223) 76378082
poudiougopaul@yahoo.fr
pp.harmattan@gmail.com

L'Harmattan Cameroun
BP 11486
Face à la SNI, immeuble Don Bosco
Yaoundé
(00237) 99 76 61 66
harmattancam@yahoo.fr

L'Harmattan Côte d'Ivoire
Résidence Karl / cité des arts
Abidjan-Cocody 03 BP 1588 Abidjan 03
(00225) 05 77 87 31
etien_nda@yahoo.fr

L'Harmattan Burkina
Penou Achille Some
Ouagadougou
(+226) 70 26 88 27

L'Harmattan Sénégal
10 VDN en face Mermoz, après le pont de Fann
BP 45034 Dakar Fann
33 825 98 58 / 33 860 9858
senharmattan@gmail.com / senlibraire@gmail.com
www.harmattansenegal.com

L'Harmattan Bénin
ISOR-BENIN
01 BP 359 COTONOU-RP
Quartier Gbèdjromèdé,
Rue Agbélenco, Lot 1247 I
Tél : 00 229 21 32 53 79
christian_dablaka123@yahoo.fr

655310 - Mai 2016
Achevé d'imprimer par

1livre.com
du rêve à la réalité !